US NATIONALPARK & HIGHWAY GUIDE

Yellowstone Nationalpark

Wolfgang Förster

PLANEN.   REISEN.   ERLEBEN.

US Nationalpark Guide

> **Bibliografische Information der Deutschen Nationalbibliothek:**
> Die Deutsche Nationalbibliothek verzeichnet diese Publikation in der Deutschen Nationalbibliografie; detaillierte bibliografische Daten sind im Internet über http://dnb.d-nb.de abrufbar.

© 2017 by Wolfgang Förster, Hennef - box21@online.de

Fotos: NPS, Wolfgang Förster

Herstellung und Verlag: Books on Demand GmbH, Norderstedt

ISBN 978-3-743-17277-7

Alle veröffentlichten Texte sind urheberrechtlich geschützt. Das gilt auch gegenüber Datenbanken und ähnlichen Einrichtungen. Die Reproduktion, ganz oder in Teilen, durch Nachdruck, fototechnische Vervielfältigung und andere Verfahren oder die Einspeisung in EDV Anlagen bedarf der vorherigen schriftlichen Zustimmung des Verlages. Alle übrigen Rechte bleiben vorbehalten.

Die aufgeführten Informationen wurden sorgfältigst recherchiert.
Dennoch kann der Autor für die Richtigkeit keine Gewähr übernehmen.

Inhalt

Vorwort 7

Die US Nationalparks 8

Der Yellowstone Nationalpark
Überblick 11
Anreise 14
Yellowstone in Zahlen 15
Das Wetter im Nationalpark 16
Der Yellowstone Vulkan 17
Geysire im Yellowstone Nationalpark 22

Sehenswürdigkeiten
Die Top Ten 26
Wasserfälle 36
Informationsquellen - Visitor Center 40
Wildtiere - Wo laufen sie denn? 45

Aktivitäten - Wanderungen
Vorsichtsmaßnahmen - Gesundheitsrisiken 53
Trails im Yellowston NP
Old Faithfull Area 54
Grand Village / West Thumb 56
Fishing Bridge / Lake Village 57
Canyon Areal 58
Mammoth Hot Springs 59
Tower Roosevelt 62
Lamar Valley 63
Madison 63

Aktivitäten - Reiten 64

Aktivitäten - Fischen 66

Aktivitäten - Radfahren 70

Aktivitäten - Junior Ranger 72

Picknick Plätze im Nationalpark 73

Anhang
Unterkünfte 74
Yellowstone von A-Z 84
NP Vokabeln 90

Liebe Leser

Die Vielfalt der Natur - Berge, Wälder, Seen und Flüsse, eine grandiose Flora und Fauna und dazu die Aktivitäten vulkanischen Ursprungs - macht den Yellowstone Nationalpark für den Besucher so interessant. Obwohl er im äußersten Nordwesten von Wyoming, abseits der Hauptrouten liegt, gilt er doch als einer der beliebtesten und meistbesuchten Nationalparks Nordamerikas.

Viel Spaß im Yellowstone Nationalpark!
Ihr
Wolfgang F rster

US Nationalpark Guide

Die US National-parks

Auf dem Hoheitsgebiet der Vereinigten Staaten von Amerika gibt es heute 59 staatliche Nationalparks. Sie werden von einer, dem US-Innenministerium unterstellten Behörde, dem National Park Service (NPS) betreut und verwaltet.

Ursprünglich stand der Naturschutzgedanke nicht im Vordergrund. Statt dessen sollten die Parks als Vergnügungsstätte zum Nutzen und zur Freude der Bevölkerung dienen. So steht es in der Gründungsurkunde des Yellowstone NP von 1872 wie folgt beschrieben: „As a public park or pleasuring ground for the benefit and enjoyment of the people". Erst Jahre später setzte sich dann auch der Gedanke an den Naturschutz und an die Bildung der Bevölkerung durch. Heute hat die Natur, die Flora und Fauna, absolute Priorität. Zur Information und Aufklärung der Besucher wurden attraktive Visitor Center, teilweise mit Museumscharakter, installiert.

Den NPS gibt es seit 1916. Mit einem aktuellen Jahresbudget von rund 3 Milliarden Dollar (2009) verwaltet diese Institution nicht nur die Nationalparks, sondern insgesamt 408 Einheiten im US Bundesbesitz mit kultureller, historischer oder landschaftlich herausragender Bedeutung (dazu gehören unter anderem auch die Freiheitsstatue in New York und das Mount Rushmore National Memorial in South Dakota). Dieser enorme Aufwand ist jedoch nur

Seit 1952 ist der „Arrowhead" das Logo des NPS und der Nationalparks. Der Sequoia-Baum und der weiße Bison stehen für Fauna und Flora der Schutzgebiete, die Bergkuppe und der See für die Landschaften. Die Pfeilspitzen-Form des Logos symbolisiert die Historie und die Archäologie.

möglich, weil die ca. 16.000 festangestellten NPS-Mitarbeiter von rund 2,5 Millionen ehrenamtlichen Helfern (Volunteers) tatkräftig unterstützt werden. Da der jährlich Haushalt nur selten an die aktuellen Gegebenheiten angepasst wurde, muss derzeit in allen Bereichen massiv gespart werden.

Die Nationalparks verteilen sich über die komplette USA und bieten daher eine entsprechende Vielfalt. Vom Unterwasserpark in Florida bis zum ewigen Eis in Alaska, von der Mohave-Wüste bis zu den Sümpfen der Everglades - das Spektrum der Nationalparks deckt so ziemlich alles ab, was Mutter Natur zu bieten hat.

Ein großes Problem der Nationalparks ist ihre Attraktivität bzw. der Massentourismus. Die Besucherzahlen der beliebtesten Parks sind gigantisch. So werden im Great Smoky Mountains NP jährlich über 9 Millionen Besucher gezählt. Jahr für Jahr fahren rund 5 Millionen Touristen zum Grand Canyon NP. Und das enge Haupttal des Yosemite Nationalparks in Kalifornien wollten im Jahre 2014 fast 4 Millionen Menschen besuchen. Hier ist die Situation besonders prekär: Am 4. Juli (Nationalfeiertag) oder an verschiedenen Wochenenden in den Sommerferien mussten die Zufahrtsstraßen schon mehrfach wegen starkem Besucherandrang geschlossen werden. Im Zion NP in Utah hat man bereits die Konsequezen gezogen. Der fast 10 km lange Zion Canyon Scenic Drive ist von März bis Oktober für den öffentlichen Straßenverkehr gesperrt. Statt dessen bringen kostenlose Shuttle-Busse die Besucher zu den touristischen Attraktionen und Wanderwegen entlang des Virgin Rivers.

Für jeden, der mehrere Nationalparks besuchen möchte, lohnt sich der Erwerb des Nationalpark Passes (Annual Pass). Das scheckkartengroße Dokument kann in allen NPS Visitor Centern oder an den Parkeingängen, aber auch schon vorab online erworben werden. Er kostet derzeit 80 $, ist vom Kauftag

an für ein ganzes Jahr gültig und garantiert seinem Besitzer sowie drei Mitfahrern im PKW/Wohnmobil freien Eintritt in fast allen Parks und Einrichtungen des
- NPS National Park Service
  (www.nps.gov)
- USDA Forest Service
  (www.fs.fed.us)
- USFWS Fish & Wildlife Service
  (www.fws.gov)
- BLM Bureau of Land Management
  (www.blm.gov)
- Bureau of Reclamation
  (www.usbr.gov)

Für Kinder ist der Eintritt frei.

Im Internet kann der Annual Pass unter **www.store.usgs.gov/pass/index.html** bestellt werden. Die Gültigkeitsdauer beginnt jedoch immer mit dem Ausstellungsdatum.

Info:
National Park Foundation
1101 17th St NW
Washington, DC 20036
Tel. 202-785-4500

US Nationalpark Guide

Der Yellowstone Nationalpark

Die Mutter aller Nationalparks? So könnte man es ausdrücken, denn Yellowstone ist der älteste der US Nationalparks und war damit eine Art Vorbild für alle weiteren.

Das unzugängliche Gebiet im Nordwesten von Wyoming wurde erst in der zweiten Hälfte des 19. Jahrhunderts erforscht. Vorher lebten hier, außer den ansässigen Sheepeater Shoshonen, nur einzelne Trapper und Goldsucher. Erst drei aufwendige Expeditionen erschlossen zwischen 1869 und 1871 die Gegend und brachten erstmals belegbare Informationen, Bilder und Fotos in die Zivilisation des Ostens. Damit war die Politik schnell von der Schutzwürdigkeit der einzigartigen Landschaften überzeugt und bereits am 1. März 1872 unterschrieb US Präsident Ulysses S. Grant ein Gesetz, welches das Yellowstone-Gebiet unter besonderen Schutz stellte.

Ab 1915 konnte der Yellowstone Nationalpark dann mit Kraftfahrzeugen befahren werden und schon im folgenden Jahr zählte man 35.800 Besucher. Die Zahl stieg weiter kontinuierlich an bis auf 580.000 Touristen im Jahre 1941. Bedingt durch den Zweiten Weltkrieg ging der Besucherandrang kurzzeitig rapide zurück, um dann, nach Kriegsende wieder anzusteigen. Bereits 1948 überstieg die jährliche Besucherzahl erstmals die Millionengrenze. Der Andrang hat bis heute nicht nachgelassen. Mit über 4 Millionen Touristen im Jahre 2015 gehört der Yellowstone mit zu den meistbesuchten Nationalparks der USA.

Nachdem die UNESCO dem Park am 26. Oktober 1976 den Status eines Internationalen Biosphären-Reservates verliehen hatte, bekam der Yellowstone Nationalpark von der UNESCO nur zwei Jahre später, am 8. September 1978 den prominenten Status „Weltnaturerbe" zuerkannt.

Das imposante Obsidian Cliff, aus dessen vulkanischem Gesteinsglas die Ureinwohner über tausende Jahre hinweg Pfeilspitzen schnitzten, Fort Yellowstone, das Norris Geyser Basin Museum, das Fishing Bridge Museum & Visitor Center, die Madison Information Station, das legendäre Old Faithful Inn sowie das im Stil der 1920er Jahre erbaute Lake Hotel sind im National Register of Historic Landmarks registriert.

Der Yellowstone Nationalpark bietet seinen Besuchern auf 8.987 qkm das volle Programm. Wandern, reiten, Tiere beobachten, klettern, Mountainbike oder Kajak fahren, angeln oder einfach nur die eindrucksvolle Natur geniessen. In den Wintermonaten, wenn die Besucherzahlen geringer sind, kommen Ski laufen und Fahrten mit Hundeschlitten oder Schneemobilen hinzu. Da sollte für jeden etwas dabei sein.

Natur pur. Flüsse und Seen. Riesige Wiesen und schier endlose Wälder. Dazu Erhebungen von begrünten Hügeln bis hin zu hochalpinen Felsgipfeln. Das alles ist Yellowstone. Die Ranger haben den Nationalpark in fünf Zonen aufgeteilt. Das Lake Country im Südosten wird geprägt vom mächtigen Yellowstone Lake und zahlreichen weiteren Gewässern. Im Hinterland, d.h. in den bewaldeten Bergen rund um den 354 qkm großen Bergsee, finden unter anderem Greifvögel, Elche und Bären ein großflächiges Refugium abseits der Touristenströme.

Die meisten Besucher zieht es in den Geyser Country genannten Bereich im südwestlichen Teil des Nationalparks. Die große Anzahl von eindrucksvollen Geysiren und farbenprächtigen heißen Quellen sind wahre Publikumsmagnete. Weniger Touristen besuchen dagegen das eher beschauliche aber trotzdem sehenswerte Roosevelt Country im Nordosten des Yellowstone National Parks. Hier kann man auf den Wiesen rechts und links der Straße grasende Büffel und Hirsche beobachten und im Lamar Valley mit etwas Glück auch Wölfe sehen.

Das Highlight des Canyon Country ist der bis zu 400 Metern tiefe Grand Canyon of the Yellowstone mit seinen orange bis rötlich leuchtenden Felsen und den besonders im Frühjahr nach der Schneeschmelze imposanten Upper und Lower Falls. Das anschliessende Hayden Valley ist die Heimat großer Büffelherden.

Das im Nordwesten des Park gelegene Mammoth Country bekam seinen Namen nach den hier beheimateten heißen Quellen vulkanischen Ursprungs. Das bis zu 70 Grad heiße Wasser der Mammoth Hot Springs ist so mineralreich, dass sich rund um die Quellaustritte im Laufe der Jahre pittoreske Sinterterrassen in den verschiedensten Formen und Farben gebildet haben

Quer durch den Park verläuft die nordamerikanische Wasserscheide. So fliessen der Yellowstone River sowie der Madison River über den

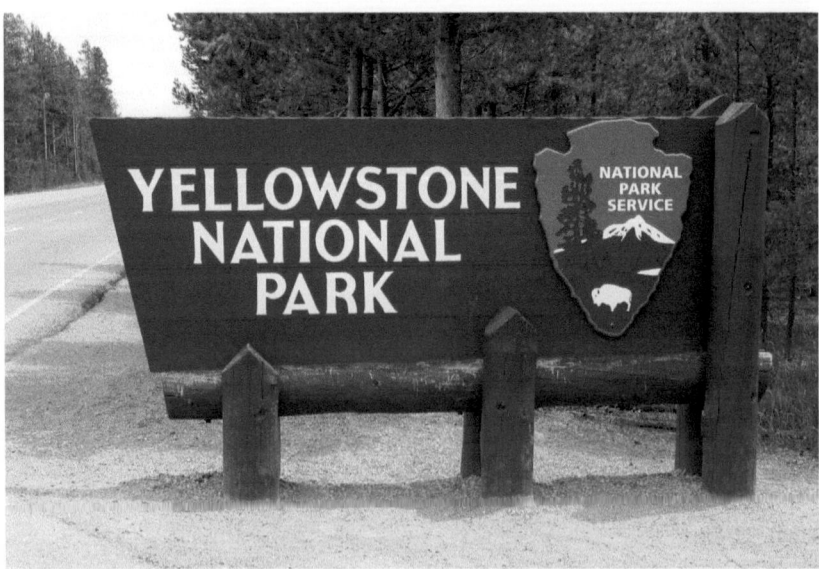

Yellowstone NP

Missouri/Mississippi letztendlich in den Atlantik, während der Snake River den Nationalpark im Süden verlässt und in den Pazifischen Ozean mündet.

Berühmt aber ist der Park vor allen Dingen für seine Tierwelt und die Vielfalt der geothermischen Hotspots, wie Geysire, Schlammquellen, Fumarolen und heiße Quellen. Der bekannteste Geysir ist sicherlich der Old Faithful, dessen bis zu 50 Meter hohe Eruptionen im Abstand von 45 bis 120 Minuten regelmässig mehrere hundert Touristen beiwohnen. Auch seine günstige Lage (ausreichende Parkplätze) und seine sprichwörtliche Zuverlässigkeit sind für seine Attraktivität mit verantwortlich. Die Ranger berechnen die Ausbruchszeiten nach einer mathematischen Formel und hängen sie im Visitor Center aus.

Erschlossen wird der Nationalpark über die rund 220 km lange Grand Loop Road. Über diese Hauptstraße in Form einer großen Acht erreicht man fast alle touristischen Highlights des Yellowstone. Die Höchstgeschwindigkeit beträgt 45 mph bzw. 72 km/h, wenn keine andere Ausschilderung vorhanden ist.

NPS Yellowstone App

Wichtige Informationen aller Art, aber auch aktuelle Warnungen können die Besucher auf der App des Parkservice einsehen. Eine informative Map, Öffnungszeiten und ein Eventkalender runden das Bild ab.
Die „NPS Yellowstone App" des National Park Service kann kostenfrei über Google Play oder den App Store auf die entsprechenden Smartphones geladen werden.

Yellowstone National Park
PO Box 168
82190 Yellowstone National Park
Tel. 307-344-73811
Fax 307-344-2014
yell_visitor_service@nps.gov
www.nps.gov/yell/

Anreise

96 Prozent der Fläche des Yellowstone Nationalparks liegen im Nordwesten von Wyoming, 3 Prozent in Montana und nur 1 Prozent in Idaho.

Die fünf Eingangsstationen garantieren in den Sommermonaten eine gute Erreichbarkeit des Nationalparks aus allen Himmelsrichtungen. Im Winter ist nur der nördliche Eingang (Gardiner) begrenzt geöffnet. Die Zufahrt über West Yellowstone ist witterungsabhängig vom dritten Freitag im April bis Anfang November möglich. In der Hauptsaison nutzen bis zu 42% der Besucher diesen Zugang - es kann daher u.U. hier zu Wartezeiten kommen.

Die südliche Zufahrt (vom Grand Teton NP) ist ab dem zweiten Freitag im Mai möglich und wird Anfang November geschlossen. Auch die Zugangsmöglichkeiten über den East (von Cody) und Northeast Entrance (Cooke City) sind vom Wetter abhängig und werden meist Anfang Mai für Kraftfahrzeuge geöffnet.

Über die Flughäfen in Bozeman (MT), Cody (WY) und in Jackson Hole (WY) ist der Yellowstone National Park an den internationalen Flugverkehr angeschlossen.

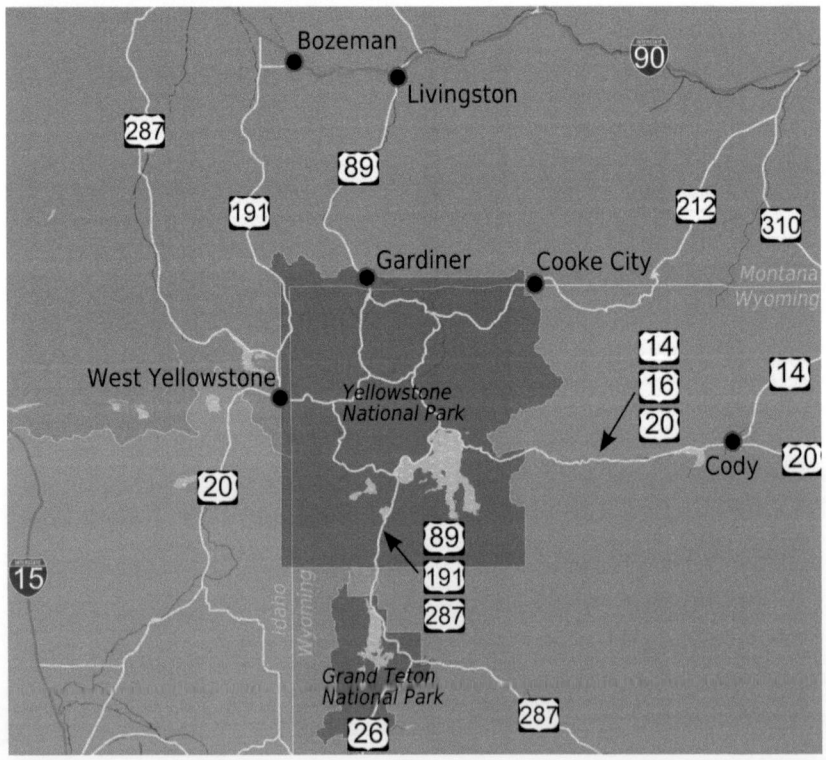

Yellowstone in Zahlen

1 Hafen (Bridge Bay Marina) gibt es im Yellowstone Nationalpark
2 Bärenarten leben im Park - Schwarzbären und Braunbären (Grizzly)
3 % des Yellowstone NP liegen auf dem Staatsgebiet von Montana
4 Amphibienarten fühlen sich im Yellostone Nationalpark wohl
5 Parkeingänge hat der Nationalpark
5 konzessionierte Campingplätze mit 1.747 Stellplätzen gibt es im Park
6 eingetragene National Historic Landmarks im Parkgebiet
7 NPS Campingplätze mit 454 Stellplätzen
8 verschiedene Nadelgehölze wachsen im Yellowstone
9 Visitor Center und Museen informieren die Touristen
9 Hotels/Lodges mit 2.238 Gästezimmern stehen für die Besucher bereit
18 Fischarten tummeln sich in den Gewässern des Yellowstone NP
49 Picnic Areas sind für die Besucher vorbereitet
50 und mehr verschiedene Arten von Säugetieren leben im Park
80 % der Waldfläche sind mit Drehkiefern (Pinus contorta) bewachsen
96 % des Yellowstone NP liegen auf dem Gebiet von Wyoming
97 Trailheads sind Ausgangspunkt für Wanderungen im Nationalpark
148 Vogelarten nisten im Yellowstone Nationalpark
186 verschieden Flechtenarten wuchern im Park
287 Backcountry Campsites hat der NPS eingerichtet
290 Wasserfälle mit mehr als 5 Metern Falltiefe
300 Geysire spucken mehr oder weniger aktiv im Yellowstone
311 Vogelarten wurden im Park gesichtet
380 festangestellte Mitarbeiter hat der NPS im Yellowstone
499 Kilometer asphaltierte Straßen erschließen den Yellowstone NP
1.529 Kilometer Backcountry Wanderwege stehen zur Verfügung
2.000 Erdbeben werden jährlich registriert
3.462 Meter ist der höchste Punkt im Nationalpark (Eagle Peak)
4.500 Mitabeiter sind zur Hochsaison im Park beschäftigt
8.987 qkm umfaßt die Fläche des Nationalparks
10.000 geothermale Hotspots findet man im Park
20.000 Titel in der Yellowstone Nationalpark Bibliothek
90.000 Fotografien und Negative umfassen die Archive des NP
200.000 Ausstellungsobjekte in den Yellowstone Museen
4.097.711 Nationalpark-Besucher im Rekordjahr 2015

Das Wetter im Nationalpark
Wechselhaft

Das Wetter im Yellowstone NP ist unberechenbar, auch weil sich der Park in Höhen von 1.760 Meter bis über 3.000 Meter erstreckt. Der Besucher sollte daher nicht überrascht sein, wenn sich das Wetter im ältesten National Park der Welt von einem auf den anderen Tag ändert. Es kann im Juni noch schneien oder im Herbst noch über 20° Celsius warm werden. In den warmen Sommermonaten bilden sich am späten Nachmittag oft heftige Gewitter. Und sowohl im Herbst, als auch im Winter kann es zu extremen Stürmen kommen. Man ist also gut beraten, sich entsprechend vorzubereiten und Kleidung für alle möglichen Eventualitäten einzupacken. Ideal wäre es, sich schichtweise, nach dem bekannten variablen Zwiebelprinzip zu kleiden. Die NPS Visitor Center geben Auskunft über die zu erwartende Wetterlage im jeweiligen Parkgebiet.

Die Temperaturen und Niederschläge im unteren Kasten beziehen sich auf die NPS Messstation in der Nähe des West-Entrance.

	Temperaturen		Niederschläge	
	Durchschnitt		Durchschnitt	
	max.	min.	Regen	Schnee
Januar	-1,8° C	-12,4° C	28 mm	368 mm
Februar	1,1° C	-10,5° C	19 mm	264 mm
März	4,2° C	-8,2° C	28 mm	332 mm
April	9,6° C	-3,3° C	30 mm	150 mm
Mai	15,7° C	1,2° C	51 mm	38 mm
Juni	21,1° C	5,1° C	38 mm	3 mm
Juli	26,4° C	8,1° C	38 mm	0 mm
August	25,7° C	7,3° C	36 mm	0 mm
September	19,8° C	2,7° C	33 mm	13 mm
Oktober	13,2° C	-1,4° C	25 mm	94 mm
November	3,8° C	-7,1° C	25 mm	228 mm
Dezember	-0,8° C	-11,2° C	25 mm	342 mm

Yellowstone Vulkan
Es brodelt unter der Oberfläche

Vor etwa 2,1 Millionen Jahren, also noch rund 100.000 Jahre bevor auf dem afrikanischen Kontinent der als Urmensch angesehene Homo Rudolfensis erste Steingeräte nutzte, brach auf dem Gebiet des heutigen Yellowstone Nationalparks ein Supervulkan aus. Er hinterließ einen riesigen Krater, die sogenannte Huckleberry Ridge Calderea (siehe Grafik unten). Wissenschaftler gehen heute davon aus, dass es dabei nicht nur eine einzelne Eruption, sondern mindestens zwei innerhalb von annähernd 4.000 Jahren gab und dass damals rund 2.500 km³ vulkanisches Material ausgeworfen wurde. Damit könnte immerhin eine Grube von der Größe des gesamten Bundeslandes Mecklenburg Vorpommern und einer Tiefe von 110 Metern locker befüllt werden.

Die nächste große Eruption ereignete vor etwa 1,3 Millionen Jahren. Diesmal spuckte der Yellowstone Vulkan rund 280 km³ Magma aus und es bildete sich die Island Park Caldera innerhalb des älteren und weitaus größeren Kraters.

Die Lava Creek Caldera entstand bei einem weiteren Mega-Ausbruch vor rund 640 Millionen Jahren. Sie liegt mit ihren Ausmaßen von etwa 80 x 50 km komplett innerhalb des heutigen Yellowstone Nationalparks. Bei dieser letzten Super-Eruption warf der Yellowstone Vulkan noch einmal geschätze 1.000 km³ vulkanisches Material aus.

Weitere zahlreiche, aber kleinere Ausbrüche im Zeitraum von vor 180.000 bis 70.000 Jahren füllten den Krater mit ihren Auswürfen von annähernd 600 km³ fast gänzlich wieder auf. Die Größe der Lava Creek Caldera kann am besten aus der Luft oder vom Washburn

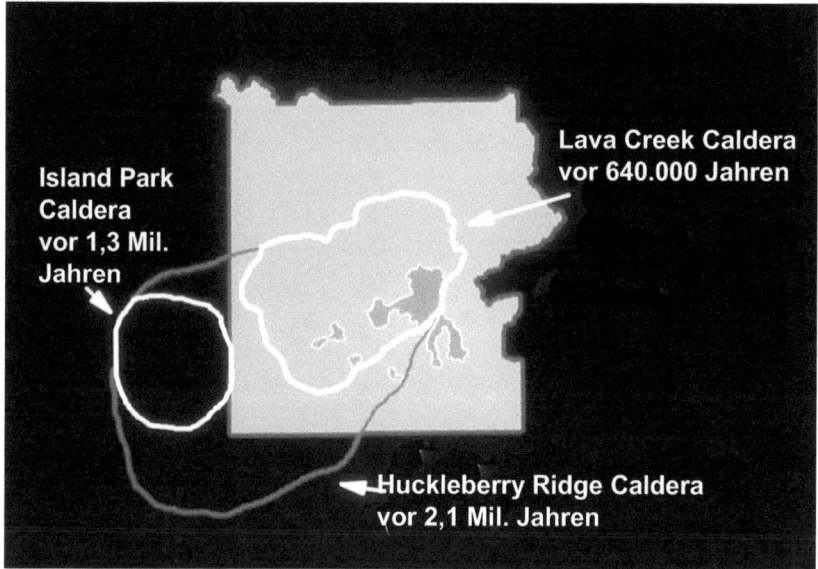

Hot Springs Overlook, südlich des Dunraven Pass, überschaut werden. Sowohl die Gibbon-, als auch die Lewis-Wasserfälle und ebenfalls der Flat Mountain Arm des Yellowstone Lake sind Überreste der Caldera-Kante.

Bei den erdgeschichtlich jüngeren Ausbrüchen handelte es sich lediglich um Dampfexplosionen mit mehr oder weniger lokalen Auswirkungen. So entstand nach einer derartigen Eruption vor ca. 9.400 Jahren am östlichen Rand der Caldera, der heutige Turbid Lake oder vor ca. 5050 Jahren der Duck Lake unmittelbar am West Tumb.

Noch heute stuft die Wissenschaft den Yellowstone als aktiven Vulkan ein. Tief unter der Erdoberfläche brodelt es gewaltig. Ein Beweis dafür sind die jährlich 1.000 bis 3.000 schwachen Erdbeben in der Region, die auf den Vulkan zurückzuführen sind und die mehr als 10.000 geothermalen Aktivitäten im Parkgebiet, wie Geysire, Fumarolen und Schlammtöpfe (Mud Pots). Viele von ihnen sind in den bekannten Geysirbecken konzentriert und für die Besucher bestens erschlossen: z.B. im Upper und Lower Geyser Basin, im Midway und Norris Geyser Basin und im West Thumb Geyser Basin am Ufer des Yellowstone Lake.

Die heißen Quellen im Yellowstone Nationalpark entstehen durch in den porösen Lavabodenboden einsickerndes Wasser, das in der Tiefe vom vulkanischen Magma erhitzt wird und dadurch wieder nach oben steigt. Von den weltweit bekannten geothermalen (heißen) Quellen befinden sich 62% im Gebiet des Yellowstone Nationalparks, wie z.B.:

Hydrothermale Aktivitäten

Heiße Quellen
Sie sind die am häufigsten auftretenten hydrothermalischen Erscheinungen im Gebiet des Yellowstone Nationalparks. Die Quellen sind ein Zeichen vulkanischer Aktivität und entstehen durch einsickerndes Grundwasser, welches im Erdinneren aufgeheizt wird. 62% der heißen Quellen weltweit befinden sich im Yellowstone Nationalpark.

Fumarolen
HIer tritt aus den Erdspalten kein Wasser sondern lediglich extrem heißer Wasserdampf aus.

Schlammtöpfe (Mud pot)
Auch hierbei handelt es sich um heiße Quellen, die aber - weil der Grundwasserzufluß geringer ist - meist als blubbernder Schlamm die Oberfläche erreichen.

Geysire
Heiße Quellen, die in regelmäßigen oder unregelmäßigen Abständen Wasser als Fontäne aus ihren unterirdischen Reservoirs ausstoßen (Eruption), nennt man Geysire. Von ihnen gibt es rund 300 im Yellowstone Nationalpark.

Travertin Terrassen
... sind Mineralien-Ablagerungen am Austritt von aktiven oder ehemaligen heißen Quellen. In unterschiedlichen Farben und Anordnungen sind diese bei Mammoth Hot Springs im Norden des Yellowstone zu sehen. Noch heute bilden sich dort täglich bis zu 2 Tonnen Kalkstein.

Yellowstone NP

- **Grand Prismatic Spring** (im Midway Geysir Basin). Sie gilt nicht nur als farbenprächtigste heiße Quelle des Parks, sondern ist auch die größte Amerikas und die drittgrößte der Welt. Aus ihrem etwa 75 x 91 Meter großen Becken fließen durchschnittlich rund 2.000 Liter bis zu 70 Grad heißes Wasser.
- **Morning Glory Pool** (im nördlichen Teil des Upper Geysir Basin). Die wunderschönen Farben der Quelle sind bedroht. Weil unvernünftige Touristen in der Vergangenheit immer wieder Münzen und ähnliches in den Pool geworfen haben, sind bereits mehrere Zuläufe verstopft. Dadurch ändert sich die Wassertemperatur und damit der Lebensraum der Bakterien, die für die Farbgestaltung der Quelle verantwortlich sind.
- **Abyss Pool** (West Thump Gysir Bassin) Der blauleuchtende Pool hat eine Tiefe von 16 Meter und eine Wassertemperatur von bis zu 83 Grad. Bis 1992 galt er als Geysir mit unregelmässigen Ausbrüchen zwischen 9 und 30 Stunden. Dann aber fand keine Eruption mehr statt.
- **Emerald Pool** (Norris Geysir Basin) Auch dieser Pool hat eine bewegte Vergangenheit. Im Jahre 1931 zeigte er eine kräftige Aktivität mit Eruptionen von 18 bis 23 Metern Höhe. Heute präsentiert er sich als ruhiger Pool mit einer Tiefe von 8,2 Metern und smaragdgrünem, rund 83 Grad heißem Wasser aus dem von Zeit zu Zeit einige Blasen an die Oberfläche steigen.
- **Sapphire Pool** (im Biscuit Bassin). Die kleine heiße Quelle (ca. 6 x 10 m), die ihren Namen dem kristallklaren blauen Wasser verdankt, war bis 1968 noch ein Geysir mit Eruptionen von bis zu 50 Metern Höhe. Seit dem kocht und brodelt sie nur noch vor sich hin...

Fumarolen hingegen sind Öffnungen in der Erdoberfläche, aus denen, bis zu 140 Grad heißer Dampf strömt. Auch hierbei handelt es sich um heiße Quellen, deren meist geringe Wassermengen unterirdisch vom Magma aufgeheizt und zum kochen gebracht werden. Der dabei entstehende Dampf strömt zur Erdoberfläche und wird dort mehr oder weniger geräuschvoll ausgestoßen.

Bei nur schwachem Grundwasserzufluss kann eine heiße Quelle auch als Schlammtopf (Mud pot) an der Erdoberfläche austreten. Besteht die Oberfläche aus vulkanischer Asche, Ton oder ähnlich feinen Partikeln, so vermischt sich das austretende Wasser damit zu einer schlammartigen Masse. Dieser Schlamm wird durch den in Form von blubbernden Blasen austretenden Wasserdampf ständig durchgemischt. Beispiele:

- **Fountain Paint Pot** (Lower Geysir Basin). Die unterschiedlichen Farbtöne zwischen rot, gelb und braun dokumentieren die verschiedenen Oxidationsstufen des im Schlamm enthaltenen Eisens.
- **Dragons Mouth Spring** (Hayden Valley Geyser Basin) Eine der beliebtesten Schlammtöpfe im Nationalpark liegt in einer kleinen Vertiefung auf der Seite eines Hügels. Der Schlamm schleudert an die drei Höhlenwände und erinnert, zusammen mit den Geräuschen und ein wenig Phantasie, an das Maul eines Drachens.

US Nationalpark Guide

Die heißen Quellen, die mehr oder weniger regelmäßig, aber meist spektakulär ausbrechen, nennt man Geysire. Der Wasserausbruch, Eruption genannt, ergibt sich, wenn einsickerndes Wasser unter der Oberfläche vom vulkanischen Magma erhitzt wird. Das kochende Wasser dehnt sich aus, es baut sich - anders als bei einer heißen Quelle - ein unterirdischer Druck auf. Dieser sucht sich den Weg an die Oberfläche, z.B. durch einen Felsspalt, und es entsteht die Eruption.

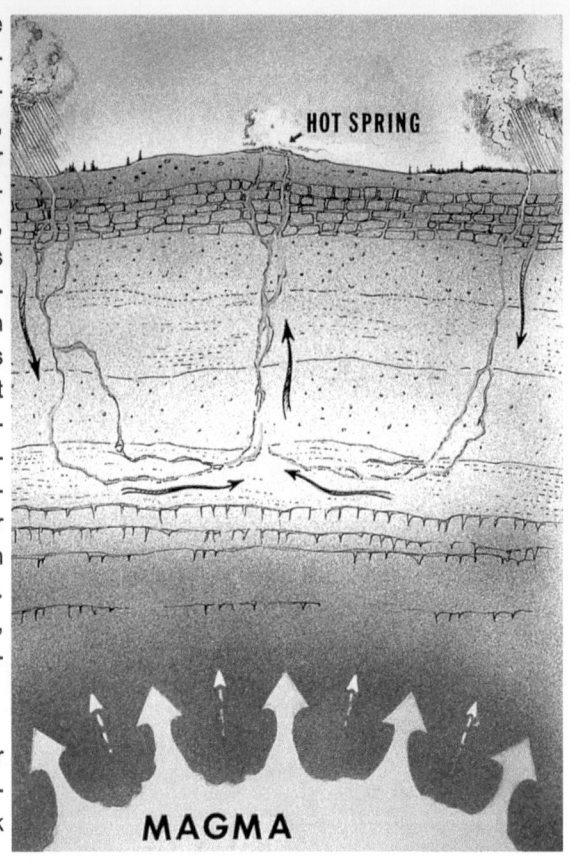

Die bekanntesten der rund 300 Geysire im Yellowstone Nationalpark sind:

- **Old Faithful Geysir** (Upper Geyser Basin). Durchschnittlich alle 91 Minuten eine vorhersagbare Eruption (minimal 45 Minuten, maximal 120 Minuten) mit einer 30 bis 55 Meter hohen düsenartigen Wassersäule. Dauer: zwei bis fünf Minuten.
- **Grand Geysir** (Upper Geyser Basin). Durchschnittlicher Abstand zwischen den Eruptionen ca. 10 Stunden. Ein Ausbrauch dauert 10 bis 12 Minuten und erzeugt eine 50 bis 60 Meter hohe Wassersäule. Kann auch mehrmals hintereinander ausbrechen. Auf kürzere Ausbrüche folgt meist ein weiterer, noch höherer Ausbruch.
- **Beehive-Geysir** (Upper Geyser Basin). Die fontänenartige Eruption erfolgt durchschnittlich alle 18 Stunden. Sie bildet für vier bis fünf Minuten eine 45-55 m hohe Eruptionssäule,
- **Castle-Geysir** (Upper Geysir Basin). Er besitzt einen der größten Sinterkegel im Nationalpark und sein Alter wird auf 5.000 bis 15.000 Jahre geschätzt. Die bis zu einer Stunde andauernden Ausbrüche wiederholen sich alle 10 bis 12 Stunden. Einem etwa zwanzigminütigem Wasserausstoß bis zu einer Höhe von 27 Metern folgt eine Dampfphase von 30 bis 40 Minuten.
- **Giant-Geysir** (Upper Geyser Basin). Der Geysir ist bekannt für seinen rund

vier Meter hohen Sinterkegel und seine spektakulären Fontänen mit bis zu 2 Metern Durchmesser. Seine Eruptionen sind sehr unregelmäßig im Abstand von Tagen oder gar Wochen.
- **Great-Fountain-Geysir** (Lower Geyser Basin unmittelbar am Firehole Lake). Das Besondere an diesem Geysir ist, dass etwa jede zehnte Eruption besonders stark ist. Die Abstände zwischen den Ausbrüchen betragen 10 - 14 Stunden. Eine Eruption dauert etwa 60 Minuten und und die Ausbruchshöe beträgt ca. 30 bis 50 Meter.

Nationalpark-Poster von 1938.

Vulkanische Aktivitäten im Yellowstone Nationalpark

Lower Geyser Basin	Dauer	Abstand	Höhe
A-0 Geyser	30–40 Sek.	24 Min.	1.5–3 m
Artesia Geyser	durchgehend		bis 1,5m
Azure Spring			
Bead Geyser	2 1/2 Min.	28 - 35 Min.	bis 7.6 m
Botryoidal Spring	1 Min.	3 -5 Min.	bis 3 m
Box Spring	2 Min.	10 - 90 Min.	3 - 4,5 m
Clepsydra Geyser			bis 14 m
Fountain Geyser	25 - 30 Min.	4 - 7 Std.	bis 25 m
Great Fountain Geyser	45 - 60 Min.	9 - 14 Std.	23 - 50 m
Jet Geyser	1 Min.	30 Min	6 m
Narcissus Geyser	5 - 15 Min.	2 - 6 Std.	4,5 - 6 m
Pink Geyser	7 Min.	3 - 3,5 Std.	6 m
Pink Cone Geyser	1,5 - 2 Std.	9 - 22 m	9 m
Spindle Geyser	wenige Sek.	1 - 3 Min.	1 m
Young Hopeful Geyser	kontinuierlich		1 - 1,5 m
Dilemma Geyser	Sek - Min.	2 - 10 Min	3 m
Labial Geyser	2 Min.	6 - 9 Std.	7 m
White Dome Geyser	2 - 3 Min.	15 - 180 Min.	10 m

West Thumb Geyser Basin	Dauer	Abstand	Höhe
Abyss Pool			
Big Cone			
Black Pool			
Fishing Cone			

Norris Geysir Basin	Dauer	Abstand	Höhe
Echinus	3 - 5 Min.		9 m +
Steamboat	10 min.		90 m +

Gibbon Geyser Basin	Dauer	Abstand	Höhe
Beryl Spring			max. 1 m

Yellowstone NP

Bemerkung	GPS Daten
Südöstlich Surprise Pool Parkplatz	44° 32' 35" N, 110° 47' 47" W
	44° 32' 39" N, 110° 47' 03" W
strahlend blaue Quelle, ca. 80° C	44° 33' 39" N, 110° 49' 59" W
äußerst regelmäßige Geysir	44° 32' 36" N, 110° 47' 43" W
seit 1996 Geysir, davor heiße Quelle	44° 32' 06" N, 110° 47' 58" W
ca. 83° C	44° 32' 36" N, 110° 47' 43" W
	44° 33' 15" N, 110° 48' 38" W
	44° 33' 15" N, 110° 48' 43" W
	44° 32' 11" N, 110° 48' 00" W
	44° 33' 03" N, 110° 48' 30" W
	44° 32' 40" N, 110° 47' 49" W
	44° 32' 36" N, 110° 47' 47" W
	44° 32' 34" N, 110° 47' 46" W
	44° 31' 54" N, 110° 47' 44" W
Am Firehole River	44° 33' 00" N, 110° 49' 03" W
	44° 32' 07" N, 110° 47' 59" W
	44° 32' 37" N, 110° 47' 43" W
	44° 32' 22" N, 110° 48' 10" W

Bemerkung	GPS Daten
Pool mit 16 m Tiefe	44° 25' 06" N, 110° 34' 21" W
Sinter-Konus am Yellowstone Lake	44° 25' 03" N, 110° 34' 14" W
ab 1991 ein "blauer" Pool	44° 25' 05" N, 110° 34' 19" W
im Wasser des Yellowstone Lake	44° 25' 02" N, 110° 34' 03" W

Bemerkung	GPS Daten
unregelmässig	44° 43' 21" N, 110° 42' 05" W
sehr unregelmässig	44° 43' 25" N, 110° 42' 11" W

Bemerkung	GPS Daten
Heiße Quelle mit 91 C	44° 40' 45" N, 110° 44' 49" W

US Nationalpark Guide

Upper Geyser Basin	Dauer	Abstand	Höhe
Splendid Geyser	1 - 9 Min.	30 - 120 Min.	60 m
Turban Geyser	5 Min.	25 - 30 Min.	6 m
Atomizer Geyser	2 - 10 Min.	2 - 4 Std.	9 - 15 m
Baby Daisy Geyser	2- 3 Min.	35 - 55 Min.	8 m
Beauty Pool			
Beehive	4 - 5 Min.	22 Std. - 14 Tg.	45 - 50 m
Castle Geyser	20 Min..	10 - 12 Std.	bis 27 m
Daisy Geyser	3 - 5 Min.	110 - 240 Min.	22 m
Giant Geyser		unregelmäßig	bis 80 m
Grotto Geyser	1- 10 Std.	8 Std.	bis 10 m
Old Faithful Geyser	1,5 - 5 Min.	90 Min.	30 - 56 m
Vent Geyser			6 - 12 m
Riverside Geyser	20- 30 Min.	5,5 - 6,6 Std.	bis 23 m
Solitary Geyser	1 Min.	4 - 8Min.	bis 2 m
Grand Geyser	9 - 12 Min.	7 - 15 Std.	bis 60 m
Crested Geysir/Pool			

Geysir App

Der National Park Service hat eine kostenlose App erstellt, die sowohl über die verschiedenen „technischen" Daten, als auch über die nächsten zu erwartenden Ausbrüche der wichtigsten Geysire im Park informiert. Auch Fotos und Landkarten können eingesehen werden.

Die App steht bei iTunes und auch im Google Play Store unter dem Namen „NPS Yellowstone Geysers" zum Download bereit.

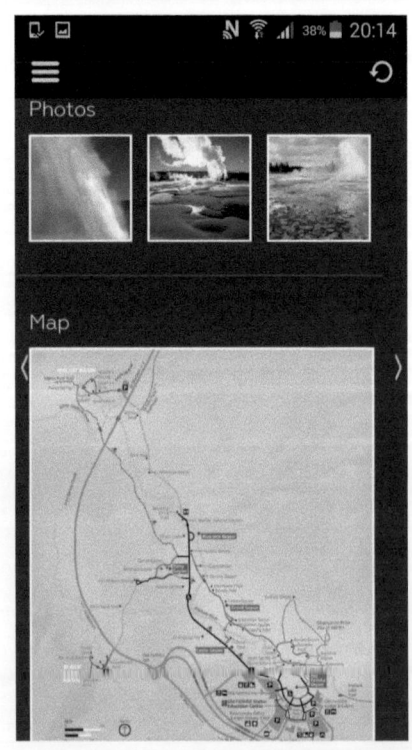

Yellowstone NP

Bemerkung	GPS Daten
Verbunden mit dem Daisy Geysir	44° 28' 13" N, 110° 50' 41" W
	44° 27' 60" N, 110° 50' 02" W
6-8 kl. und dann eine gr. Eruption	44° 28' 41" N, 110° 50' 57" W
mehrere Jahre aktiv/inaktiv	44° 28' 54" N, 110° 51' 02" W
Quelle bei Chromatic Spring	44° 28' 06" N, 110° 50' 20" W
Düsenartiger Ausbruch	44° 27' 47" N, 110° 49' 48" W
Nach Ausbruch noch 30 Min. Dampf	44° 27' 48" N, 110° 50' 12" W
	44° 28' 12" N, 110° 50' 42" W
	44° 28' 15" N, 110° 50' 27" W
	44° 28' 19" N, 110° 50' 30" W
	44° 27' 38" N, 110° 49' 41" W
bricht nach Grand Geysir aus	44° 28' 01" N, 110° 50' 14" W
	44° 28' 25" N, 110° 50' 26" W
	44° 28' 08" N, 110° 49' 42" W
Schwallartiger Ausbruch	44° 28' 00" N, 110° 50' 18" W
13 m tief, bricht selten aus	44° 27' 51" N, 110° 50' 11" W

Yellowstones Top 10 Sehenswertes

●1 **Old Faithful Geyser/Upper Basin**
Viele Menschen verbinden den Yellowstone National Park in erster Line mit den Geysiren und dann natürlich mit dem berühmtesten von allen, dem Old Faithful. Und so steht der „alte Getreue" auf fast allen To-do-Listen der Besucher ganz weit oben und ist die meistbesuchte Attraktion im Yellowstone Nationalpark.

Man kann zwar nicht die Uhr nach ihm stellen, aber Old Faithful bricht kontinuierlich alle 45 bis 120 Minuten aus. Die Durchschnittszeit zwischen den einzelnen Eruptionen beträgt 91 Minuten. Dann stehen die Touristen dichtgedrängt auf den Holzstegen und beobachten wie 14.000 bis 32.000 Liter kochendes Wasser aus dem Erdboden in Höhe von 30 bis 55 Metern empor geschossen werden. Das ganze Spektakel dauert zwei bis fünf Minuten und endet nicht selten unter tosendem Applaus. Seinen Namen erhielt der Geysir bereits im Jahre 1870 von den Mitgliedern der Washburn-Expedition und obwohl sich die durchschnittlichen Intervalle im Laufe der Zeit auf Grund von Erdbeben und Vandalismus verlängert haben, sind seine Ausbrüche noch heute so spektakulär und vorhersehbar wie damals.

Darüber hinaus liegen im Upper Geyser Basin viele weiter aktive und sehenswerte Geysire wie der Beehive, der Castle und der Riverside Geyser. Das Old Faithful Besucherzentrum bietet anschauliche Informationen über die vielen Geysire in diesem Gebiet und gibt Hinweise über die Ausbruchszeiten. Ein Höhepunkt ganz anderer Art ist das Old Faithful Inn, das beliebteste Hotel im Yellowstone Nationalpark. Geplant und gebaut wurde das riesige Holzhaus bereits 1903 bis 1904 vom Architekten Ro-

Ausbruch des Old Fauthful mit dem historischen Hotel im Hintergrund.

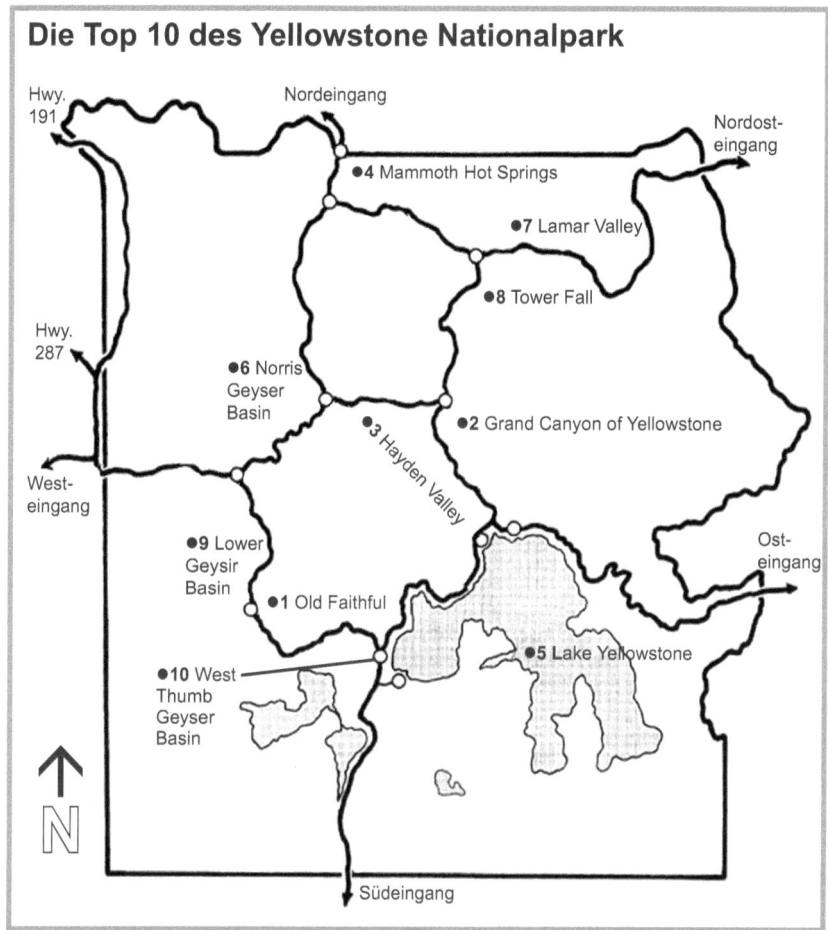

Die Top 10 des Yellowstone Nationalpark

bert C. Reamer, der in der Asymmetrie des Gebäudes das unbändige Chaos der Natur widerspiegeln wollte. Die beiden angebauten Flügel entstanden in den Jahren 1915 und 1927 und damit verfügt das Hotel heute über 327 Zimmer. Einen Blick in die mächtige Lobby mit dem großen Kamin sollte der Besucher auf keinen Fall verpassen - die Atmosphäre ist einmalig.

●2 Grand Canyon of the Yellowstone
Er ist nicht so riesig wie der Grand Canyon in Arizona und auch nicht so alt. Trotzdem braucht sich Yellowstones Grand Canyon nicht zu verstecken und strahlt seine ihm eigene Schönheit aus. Geologisch gesehen ist die Schlucht relativ jung. Entstanden ist sie erst am Ende der letzten Eiszeit vor 14.000 bis 18.000 Jahren. Damals hatte Eis den Auslauf des heutigen Yellowstone Lake gewaltig aufgestaut. Als es dann auftaute, strömten die riesigen Wassermassen zu Tal und schnitten in für geologische Verhältnisse kurzer Zeit eine tiefe Kerbe in das vulkanische Gestein. Durch die fortschreitende Erosion bildete sich daraus der Grand Canyon of Yellowstone.

US Nationalpark Guide

Unten, im tiefeingeschnittenen Grand Canyon of Yellowstone brodelt und tobt der reißende Fluß.

Heute ist der Canyon etwa 32 km lang und bei einer Breite zwischen 500 und 1.300 Meter, rund 250 bis 400 Meter tief. Doch nicht nur die Größe und die mächtigen Seitenwände in den verschiedenen Farbschattierungen von Gelb bis Rot sind beeindruckend. Über zwei Stufen stürzt sich der Yellowstone

River im Canyon tosend in die Tiefe. Die Upper Falls haben eine Fallhöhe von 33 Metern. Und die Lower Falls sind fast doppelt so hoch wie die Niagarafälle - stattliche 94 Meter. Besonders im Frühjahr, nach der Schneeschmelze, zeigt sich hier laut und eindrucksvoll die Kraft des Wassers.

Die verschiedenen Aussichtspunkte sowohl auf der Nord- als auch auf der Südseite vermitteln einen guten Überblick über den Canyon. Einer der beliebtesten ist der Artist Point, der seinen Namen bekam, weil der Maler Thomas Moran bereits 1871 diesen Ausblick schätzte und hier arbeitete. Auch die kurze Wanderung hinab zu den Lower Falls ist empfehlenswert. Die Eindrücke, das Hören und Spüren des herabstürzenden Wassers, sind atemberaubend.

● **3 Hayden Valley**
Das Hayden Valley in zentraler Lage gilt als der „Zoologische Garten" des Yellowstone NP. In dem breiten, weitgehend flachen Wiesental grasen einzelne Bisons, aber auch Herden. Man kann Wapitis, Elche und sogar Grizzlybären sowie Wölfe beobachten. Oft auch bequem und sicher von den Fahrzeugen aus. Dazu sieht man östlich der Straße im Bereich des Yellowstone River zahlreiche Wasservögel wie Enten, Gänse und auch Pelikane. Das Valley entand aus einen ehemaligen Seitenarm des Yellowstone Lake, der hier nicht nur feinkörnigen Sand, sondern auch eine tieferliegende Tonschicht hinterlassen hat. Dadurch kann das Regenwasser nicht ohne weiteres abfliessen - das Hayden Valley ist leicht sumpfig und es wachsen daher hier nur wenige Bäume.

Ein Teil der Sinterterrassen von Mammoth Hot Springs um 1900. Links im Bild die sogenannte Liberty Cap.

•4 Mammoth Hot Springs

Bereits vor Millionen von Jahren bildeten sich die ersten Sinterterrassen von Mammoth Hot Springs. Die zahlreichen heißen Quellen fördern nicht nur ca 70°C heißes Wasser an die Oberfläche, sondern auch Mineralien und Kalk. Diese Feststoffe lagern sich in teilweise recht skurrilen Formen und in den verschiedensten Farben rund um die Ausflüsse ab. Für die Farbgebung sind nicht nur die Mineralien verantwortlich, sondern auch die Algen und Bakterien, die in dem warmen Wasser leben. Von Weiß (Kalk) über Braun, Orange, Gelb bis hin zu Rot sowie Blau- und Grüntönen sind fast alle Farbschattierungen vorhanden. Die einzelnen Terrassen sind durch Holzstege bequem und trockenen Fusses zu erreichen.

Viele der historischen Gebäude von Mammoth Hot Springs gehörten zu Fort Yellowstone und wurden während drei Bauphasen zwischen 1891 und 1909 erstellt. Bis zu 400 Soldaten waren hier stationiert. Erst nach 1916, mit der Gründung des National Park Service, zog sich das Militär aus Yellowstone zurück. Aufgrund des vergleichweise milden Klimas und der dadurch bedingten ganzjährigen Zugangsmöglichkeit hat sich die Parkverwaltung in Mammoth niedergelassen. Viele der alten Gebäude werden heute noch genutzt, z.B. als Visitor Center, Post Office oder Hotel.

•5 Yellowstone Lake

Mit einer Oberfläche von 354 km² ist der Yellowstone Lake der größte alpine Bergsee Nordamerikas (2.357 m/NN). Er hat eine Küstenline von 177 km und ist an der tiefsten Stelle 122 Meter tief. Das Gewässer bildete sich nach der letzten Eiszeit, nachdem ein großer

Die Ortschaft Mammoth Hot Spring von den Sinterterrassen aus gesehen.

Gletscher in der Caldera des Yellowston-Vulkans das Seebecken formte. Der Wasserspiegel lag lange Zeit um einiges höher und der See reichte bis ins heutige Hayden Valley.

Über dem „Abfluß" des Sees in den Yellowstone River steht die Fishing Bridge. Sowohl die erste, bereits 1902 erbaute, als auch die heute noch bestehende Brücke von 1937, wurde gerne und erfolgreich zum Fischen genutzt. Ab 1973 ist das Angeln auf der Brücke verboten, jedoch erlaubt das extrem klare Wasser immer noch das Beobachten der Forellen und Saiblinge von der Brücke aus. Vor 1970 beherrschte die Cutthroat-Forellen aus der Familie der Lachsfische den Fischbestand im Yellowstone Lake. Dann nahm deren Bestand dramatisch ab. Gründe dafür waren das Überfischen, aber auch das Aussetzen von Seesaiblingen, die sich in dem kühlen Gewässer sehr wohl fühlten und rapide vermehrten. Erst 2004 forderten Ökologen Schutzmaßnahmen, um die ursprünglichen, sprich natürlichen Verhältnisse im See wieder herzustellen. So wurden allein in 2006 rund 60.000 Saiblinge abgefischt. Aber erst 2014 zeigten sich deutliche Erfolge - die Population der Yellowstone-Cutthroat-Forellen steigt wieder an. Nach wie vor ist der Yellowstone Lake bei den Petrie-Jüngern sehr beliebt. Angelscheine können in den Visitor-Centern erworben, Boote in Grant Village und Bridge Bay angemietet werden.

Im 1931 erbauten Fishing Bridge Museum werden die Vögel des Nationalpaks gezeigt. Mehr als 300 verschiedene ausgestopfte Tiere, von der Möwe bis zum Bald Eagle, dem amerikanischen Wappentier, können hier in übersichtlichen Vitrinen bestaunt werden.

● **6 Norris Geyser Basin**

Das sehr populäre Norris Geyser Basin hat zwei völlig verschiedene Bereiche. Zum einen das kleinere Porcelain Basin, nördlich des Museums, in dem, wegen dem heißen und vor allen Dingen sauren Wasser der Geysire und Quellen, keinerlei Pflanzen gedeihen. Zum anderen das Back Basin, das vor den verherenden Waldbränden von 1988 noch eine gesunde Waldlandschaft mit Geysiren und heißen Quellen zwischen den Bäumen war. Aber langsam regeneriert sich der Baumbestand wieder.

Das Norris Geyser Basin lebt. Aus aktiven Geysiren werden ruhige Quellen. Andere Quellen trocknen aus. Aber auch neue Geysire bilden sich. Die Landschaft ist in Bewegung und unter der Oberfläche brodelt es. Selbst die großen Geysire ändern von Jahr zu Jahr ihre Aktivitäten. Das macht Norris zu einem interessanten Ort.

In vielen Fällen lässt die Farbe der Ablagerungen Rückschlüsse auf die Themperatur zu. Die gelben Matten z.B. sind thermophile Archaeen oder Bakterien. Sie wandeln austretendes Schwefelwasserstoffgas, was auch für den Geruch nach faulen Eiern verantwortlich ist, in Schwefel um, den sie als Energiequelle nutzen. Diese thermophilen Lebewesen brauchen Temperaturen von 60 bis 83° C um existieren zu können.

US Nationalpark Guide

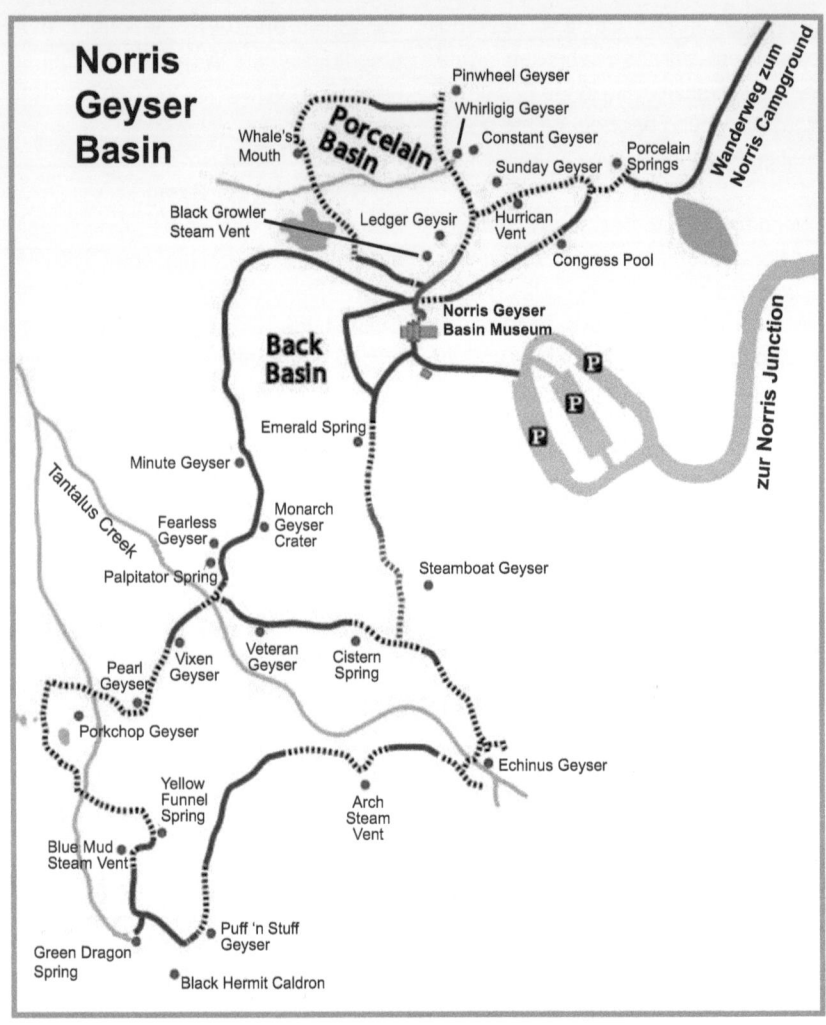

Ähnlich verhält es sich bei den dunkelbraunen bis rostroten Ablagerungen. Auch hier sind Bakterien und Archaeen am Werk, die Eisenoxide ablagern. Sie leben bei Temperaturen unter 60°C. Die Farbe Smaragdgrün findet man oft in den Ablaufrinnen der heißen Quellen und Geysire. Dabei handelt es sich um Algen, deren grünes Chlorophyll Sonnenlicht in Energiestoffe umwandelt. Ihr Lebensraum findet sich bei Temperaturen unter 57°C.

Das Norris Basin beheimatet den größten aktiven Geysir der Welt, den Steamboat Geyser. Seine eher seltenen und unregelmäßigen Haupteruptionen können Höhen von über 100 Meter erreichen. Dazwischen können Ruhezeiten von wenigen Tagen bis zu 50 Jahren (1911 bis 1961) liegen, in denen nur kleinere Ausbrüche von 3 bis 5 Metern Höhe verzeichnet wurden. Ganz anderer Art ist dagegen der Echinus (e-ki-nus) Geyser. Er brach bis 1998 noch

Der Blick vom Noris Geyser Basin Museum auf die heißen Quellen und Geysire im Porcelain Basin.

regelmäßig 35-75 Minuten mit einer 12 - 18 Meter hohen Fontäne aus. Seitdem bricht er nur noch selten aus, wobei seine Eruptionen nun zwischen 4 und 118 Minuten andauern. Seine Besonderheit ist, dass sein Wsser einen pH-Wert von 3,3 bis 3,6 aufweist und damit fast so sauer wie Essig ist.

Der Porkchop Geyser war bis 1989 kein gewöhnlicher Geysir, sondern ein sogenannter Perpetual Spouter, der ständig eine Wassersäule von etwa 10 Metern ausstieß. Am 5. September 1989 aber hatte sich tief im Geysir eine gewaltige Dampfblase gebildet, die schließlich explodierte. Die Felsbrocken flogen damals bis zu 60 Meter weit. Seit dem ist Porkchop nur noch ein leicht siedender Pool.

Das Norris Geyser Basin Museum wurde 1929-1930 vom Architekten Herbert Maier entworfen. Der Holzbau auf massiven Steinsockeln besteht aus zwei Gebäudeteilen, die mit einem überdachten Durchgang zum Porcelain Basin verbunden sind. Im Museum werden die hydrothermalen Besonderheiten des Geysirbeckens ausführlich und anschaulich erklärt.

●**7 Lamar Valley**
Etwas abseits, im nordöstlichen Teil des Yellowstone Nationalparks liegt das breite, recht weitläufige Lamar Valley. Auch hier präsentiert sich der Yellowstone Nationalpark als Paradies für die Tier-Beobachtung. Bisons, Elche und Kojoten sind in großer Zahl zu sehen. Hinzu kommen, insbesondere in den frühen Morgenstunden und zur Abenddämmerung, Wölfe und sowohl Schwarz- als auch Grizzlybären. Angler finden im Lamar Valley zahlreiche Hot Spots mit Aussicht auf einen guten Fang.

●8 Tower Fall

Nach den Lower Falls im Grand Canyon of Yellowstone ist der Tower Fall sicherlich der zweitbeliebteste Wasserfall im Nationalpark. Mit knapp 40 Metern ist die Fallhöhe nicht unbedingt außergewöhnlich - trotzdem hat der Wasserfall seine optischen Reize. Im Frühjahr ist die Wassermenge, die hier in die Tiefe der Schlucht stürzt etwa 10 mal so groß, wie in Herbst. Und im Winter ist der Wasserfall meist komplett vereist.

Direkt hinter dem Tower Fall General Store führt ein kurzer Wanderweg zu einem Aussichtpunkt, der einen schönen Überblick auf den Wasserfall und die ihn flankierenden Felstürme (Towers) gibt. Interessanter und auch spektakulärer ist die Wanderung von etwa 1/2 Meile zum Fuße des Tower Fall. Tief unten spürt man die Kraft des in die Tiefe stürzenden Wassers regelrecht am eigenen Leib. Der Wiederaufstieg ist mühsam.

●9 Lower Geyser Basin

Auf einer Fläche von nahezu 11 Quadratmeilen findet der Besucher im Lower Geyser Basin zahlreiche aktive Geysire, in verschiedenen Farben leuchtende heiße Quellen und fast gemütlich vor sich hin blubbernde Schlammtöpfe.

Schon auf dem etwa halbstündigem Weg zum Fountain Paint Pot sieht man sämtliche Arten thermogeologischer Features, die Yellowstone zu bieten hat. Der ganze Bereich ist hoch aktiv - überall kocht, dampft oder spuckt es. Das Verlassen der Holzstege ist strengsten verboten - es besteht absolute Lebensgefahr. Ein Tourist zum Beispiel, der dem Celestine Pool zu nahe gekommen ist, rutschte ab und hat den Sturz in das kochend heiße Wasser mit seinem Leben bezahlt.

Die Konsistenz des Fountain Paint Pot ist, wie bei allen Schlammtöpfen, auch von der Intensität der letzten Regenfälle abhängig. 1959, nach dem Hebgen Lake Erdbeben, vergrößerten sich die Ausmaße des Fountain Paint Pot erheblich. Die namensgebenden Farben (Rot-, Braun- und Gelbtöne) entstehen durch die verschiedenen Oxidationsstufen des Eisens im Schlamm.

Aus dem Clepsydra Geyser schießt häufig eine Wassersäule bis zu 15 Meter hoch in den Himmel. Früher ist er so regelmäßig ausgebrochen, dass man ihn als „Mystische Wasser Uhr" betitelte. Erst nach dem Hebgen Lake Erdbeben im Jahre 1959 begann seine wilde Phase: seitdem spuckt er stetig, aber unregelmäßg.

Noch höher ist die Fontäne des Fountaine Geyser. Bis zu 25 Meter hoch schießt hier das heiße Wasser bis zu 30 Minuten aus dem Boden. Aber man muss Glück haben - die Abstände zwischen den Eruptionen sind unregelmäßig und betragen 4 bis 17 Stunden.

Der größte Geysir im Becken und vielleicht einer der größten Geysire weltweit ist der Morning Geyser. Allerdings ist er nur selten aktiv. Zuletzt war dies 1994. Damals brach er alle 4 Stunden aus. Die Eruptionen von 30 Minuten Dauer ergaben eine Dampf/Wassersäule von über 60 Metern Höhe und bis zu 30 Metern Breite.

Sehenswert ist auch der Great Fountain12r, mit Wasser gefüllter Sinterterrassen. Die Intervalle zwischen seinen Ausbrüchen liegen im Bereich von 9 bis 15 Stunden, können aber mit einer Toleranz von 1 bis 2 Stunden vorausgesagt werden. Die 30 bis 60 Meter hohen Eruptionen dauern im Durchschnitt etwa 1 Stunde, in seltenen Fällen bis zu 2 Stunden.

● **10 West Thumb Geyser Basin**
Geologen haben festgestellt, dass der mächtige Yellowstone Vulkan in der Vergangenheit etwa alle 600.000 Jahre ausgebrochen ist. Der Yellowstone Lake, dessen Wasserspiegel früher bis zu 60 Meter höher lag und dessen Oberfläche daher auch bedeutend größer war, liegt in einem Teil der riesigen Caldera (ca. 80 x 55 km) des Vulkans. Schon die Mitglieder der Washburn Expedition von 1870 sahen in den Umrissen des Sees eine riesige gespreizte Hand mit der Bucht im Westen als Daumen. Seit dem hat die markante Bucht den Namen West Thumb.

Dabei ist die Bucht selbst eine Caldera eines kleineren, jüngeren Vulkanausbruchs vor etwa 174.000 Jahren, quasi eine Caldera in der Caldera. Daraus resultieren auch die hydrothermale Aktivitäten im Uferbereich, im sogenannten West Thumb Geyser Basin. Der National Park Service hat auch in diesem Bereich Holzstege angelegt, damit die Besucher die einzelnen Geysire, Fumarolen und Pools, die bis in den See hinreichen, besuchen können.

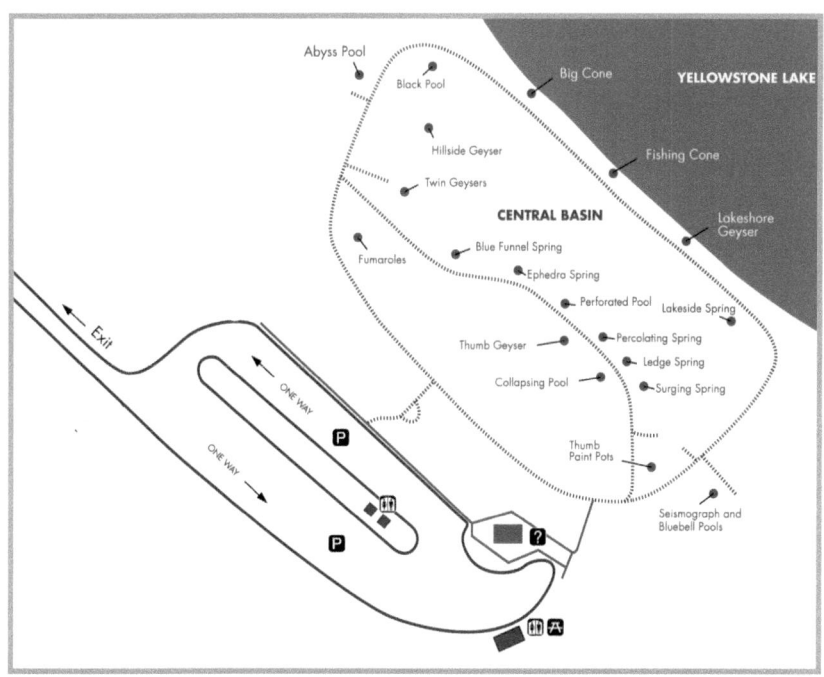

US Nationalpark Guide

Wasserfälle

Im Yellowstone Nationalpark gibt es rund 45 größere, mit Namen versehene und hunderte kleinere, namenlose Wasserfälle. Der Wasserfall mit der größten freien Falltiefe ist der Lower Fall des Yellowstone River mit 94 Metern. Sogenannte „Horsetail"-Fälle wie zum Beispiel die Silver Cord Cascade mit 370 Metern, sind zwar noch höher, allerdings wird der freie Fall durch Cascaden mehrmals unterbrochen.

●1 Fairy Falls
Mit fast 65 Metern Fallhöhe ist Fairy einer der höchsten Fälle im Yellowstone. Das Wasser stürzt in einen flachen schattigen Pool, der selbst im Hochsommer sehr kalt ist. Die Wanderung dorthin beginnt hinter dem Midway Geyser Basin und folgt erst einer alten Forststraße. Später knickt der Weg ab in Richtung Westen, mitten durch den Wald.
GPS: 44°31'28"N 110°52'16"W

●2 Firehole Falls
Nur eine halbe Meile südlich von Madison Junction, liegen die Firehole Falls direkt an der Firehole Canyon Road, einer Einbahnstraße. Die Wassermassen stürzen hier im Frühjahr besonders eindrucksvoll rund 14 Meter in die Tiefe.
GPS: 44°37'51"N 110°51'52"W

●3 Gibbon Falls
Zwischen Norris Geyser Basin und und Madison Junction rauscht der Gibbon River etwa 25 Meter tief in die Yellowstone Caldera. Der Parkplatz, von dem man einen guten Blick auf die Gibbon Falls hat, ist oft überfüllt.
GPS: 44°39'16"N 110°46'15"W

●4 Kepler Cascades
Die Kaskaden wurden nach dem damals zwölfjährigen Kepler Hoyt benannt, der 1881 zusammen mit seinem Vater John Hoyt, dem Gouverneur von Wyoming, den Yellowstone Park bereiste. Rund zwei Meilen südlich von Old Faithful Village fällt der Firehole River - gut sichtbar von der Straße - über die drei Stufen fast 15 Meter in die Tiefe.
GPS: 44°26'45"N 110°48'26"W

●5 Lewis Falls
Elf Meilen (17,6 km) nördlich des South Entrance zum Yellowstone Nationalpark ist der Lewis Wasserfall von den Parkplätzen an der Lewis River Brücke leicht zu erreichen. Der kurze Weg zu den etwa 10 Meter hohen Lewis Falls führt am Lewis Lake Campground vorbei.
GPS: 44°16'02"N 110°38'15"W

●6 Lower Falls of the Yellowstone
Nach Old Faithful sind die Lower Falls das meist besuchte und das meist fotografierte Highlight des Yellowstone Nationalparks. Mit 94 Meter Fallhöhe ist der beeindruckende Wasserfall fast doppelt so hoch wie die weltbekannten Niagara Fälle. Und die Wassermenge, die hier, besonders nach der Schneeschmelze im Frühjahr bis in den Sommer hinein, heruntergedonnert, ist einfach imponierend.

Verschiedene Aussichtspunkte geben den Blick frei auf den Grand Canyon of

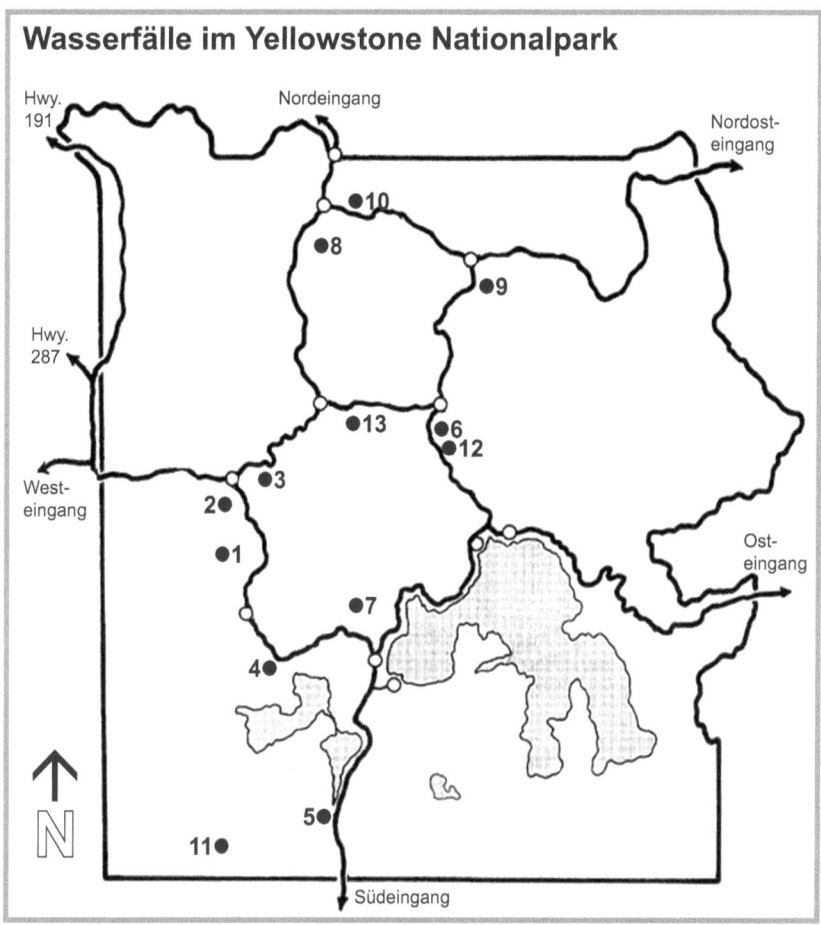

Yellowstone und die Lower Falls. Die beliebtesten - weil leicht erreichbar - sind auf der nördlichen Seite der Schlucht der Inspiration Point, der Grandview Point und der Lookout Point. Auch der Artists Point im Süden ist mit dem Wagen erreichbar, kann aber auch über den South Rim Trail erwandert werden. Vom Parkplatz am Uncle Tom's Point bis zum Aussichtspunkt sind es knapp 1,5 km. Die Stelle wird Artists Point genannt, weil von hier der Künstler Thomas Moran 1871 die ersten Bilder des Canyon und der Lower Falls malte.

Vom oben genannten Parkplatz führt der kurze aber abstrengende Uncle Tom's Trail tief hinab in den Canyon, bis fast an die Basis der Lower Falls. Bereits um 1900 konstruierte „Uncle" Tom Richardson diesen Weg, bestehend aus 500 hölzernen Treppenstufen und Strickleitern. Heute besteht die Treppe aus Metall, verfügt nur noch über 328 Stufen und führt auch nicht mehr bis ganz nach unten. Trotzdem ist der Ausblick von hier unten einfach nur grandios. Aber Achtung - der Wiederaufstieg hat es in sich und erfordert Kondition.

Schon die Mitglieder der Washburn Expedion von 1870 waren von den Lower Falls begeistert. So beschrieb Nathanial P. Langford den Wasserfall damals kurz und knackig in einem einzigen Satz: "A grander scene than the lower cataract of the Yellowstone was never witnessed by mortal eyes" (Ein großartigerer Ort als die Lower Falls des Yellowstone wurde nie von sterblichen Augen gesehen).

●7 Mystic Falls
Die mystischen Fälle liegen hinter dem Biscuit Basin. Hier stürzt der Little Firehole River vom Madison Plateau über mehrere Kaskaden rund 20 Meter schäumend in die Tiefe. Ein Rundweg von etwa 3 Meilen (4,8 km) Länge gewährt schöne Ausblicke das dampfende und spuckende Upper Geyser Basin. Etwas kürzer ist der alternnative Weg immer am Little Firehole River entlang.
GPS: 44°29'03"N 110°52'26"W

●8 Osprey Falls
Weniger bekannt sind die Osprey Falls, südlich von Mammoth Hot Springs. Der Weg zum 46 Meter hohen Wasserfall, der vom Gardner River gespeist wird, ist sehr anstrengend und rund 8 Meilen (12,9 km) lang.
GPS: 44°55'42"N 110°40'53"W

●9 Tower Fall
Seinen Namen verdankt der Wasserfall den hohen Lava Türmen zwischen denen sich der Lava Creek hindurch schlängelt und schließlich fast 40 Meter spektakulär in die Tiefe stürzt. Knapp 900 Meter weiter mündet der Creek dann in den Yellowstone River. Ein kurzer, aber steiler Weg von rund 1/2 Meile (800 Meter) führt vom Tower Falls General Store hinab an den Fuß der Fälle. Der Wiederaufstieg ist recht mühsam.
GPS: 44°53'37"N 110°23'14"W

●10 Undine Falls
Etwa 4 Meilen (6,5 km) östlich von Mammoth fällt der Lava Creek eine rund 700.000 Jahre alte Basalt-Felswand hinunter - Undine Falls. Vom kleinen Parkplatz aus sind die dreistufigen, fast 20 Meter hohen Wasserfälle gut zu sehen.
GPS: 44°56'39"N 110°38'20"W

●11 Union Falls
Tief im Hinterland versteckt liegt der zweithöchste Wasserfall im Yellowstone. 76 Meter stürzt das Wasser des Mountain Ash Creek hier breitgefächert, einem Brautschleier gleich, in die Tiefe.
GPS: 44°11'34"N 110°52'15"W

●12 Upper Falls of the Yellowstone
Nicht ganz so tief wie bei den Lower Falls, aber nicht minder spektakulär stürzen die Fluten des Yellowstone River bei den Upper Falls in die Tiefe. Hatte die Mitglieder der Folsom Expedition 1869 die Fallhöhe noch auf 115 ft. geschätzt, ergeben aktuelle Messungen einen Wert von 109 ft. (33,2 Meter). Die Upper Falls befinden sich am südlichen Ende des Grand Canyon of Yellowstone, südlich von Canyon Village.
GPS: 44°42'46"N 110°29'58"W

●13 Virginia Cascades
Virginia Cascades sind kein Wasserfall im eigentlichen Sinne, sondern eher eine Art „schiefe Ebene" über die das Wasser des Gibbon River spektakulär rund 18 Meter in die Tiefe rauscht. Die sehenswerten Kaskaden liegen, eingerahmt von sogenannten Drehkiefern, nur wenige Schritte abseits einer Nebenstraße der Verbindung zwischen Norris und Canyon Village.
GPS: 44°42'47"N 110°38'46"W

Yellowstone Visitor Center Informationsquellen

● **Albright Visitor Center (Mammoth Hot Springs)**
Nur 5 km vom Nordeingang des Nationalparks entfernt, präsentiert sich das 1909 erbaute und ursprünglich als Offiziersunterkunft der hier stationierten Kavallerie-Truppen genutzte Gebäude nach zwei Jahren des Umbaus nun frisch renoviert.

Benannt nach einem der ersten Leiter des Nationalpark, Horace M. Albright (1890-1987), ist das Besucherzentrum ganzjährig, mit Ausnahme des des Veransday (11.11.) und Thanksgiving, an sieben Tagen in der Woche geöffnet. Die anwesenden Ranger helfen gerne bei der Planung für den Besuch des Nationalparks. Das Backcountry Office stellt Campinggenehmigungen für das Hinterland, aber auch Angelscheine und Bootsgenehmigungen aus. Des Weiteren verfügt das Visitor Center über ein „Theater" in dem jede halbe Stunde interessante Film- und Videopräsentationen über den Nationalpark gezeigt werden.

Das angeschlossene Museum informiert über folgende Themenbereiche aus der Geschichte des Yellowstone-Gebiets:
- Native Americans (bis 1800)
- The Mountain Man (1807 - 1840)
- Early Exploration (1869 - 1871)
- Army Days and early NPS

Einen weiteren interessanten Rückblick in die Geschichte zeigt die Moran Gallery, die Reproduktionen der Aquarellzeichnungen des Malers und Forschers Thomas Moran präsentiert. Moran war Mitglied der Hayden-Expedition (1871) und hatte mit seinen Bildern einen erheblichen Anteil zur frühen Popularisie-

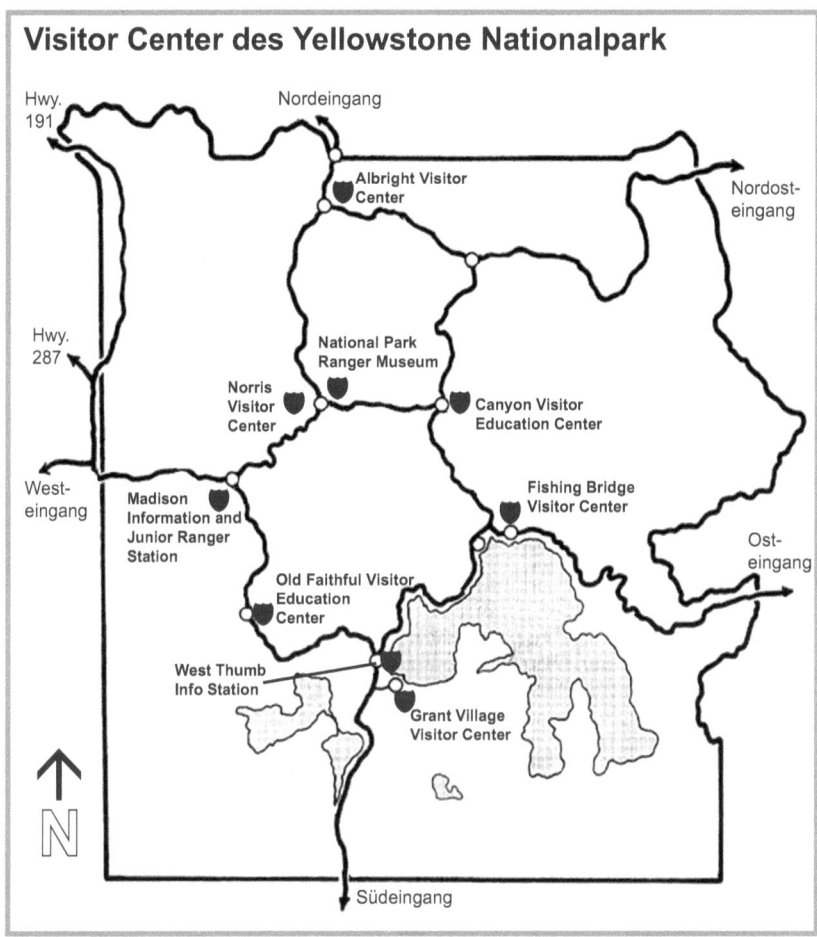

rung des Yellowstone. Interessant auch die Jackson Gallery. Hier werden Original-Fotografien von William Henry Jackson, der ebenfalls an der Hayden-Expedition teilnahm und eng mit Moran zusammenarbeitete, gezeigt.
Tel. 307-344-2263
Öffnungszeiten:
01.01. - 22.05. von 9:00 - 17:00 Uhr
23.05. - 30.09. von 8:00 - 19:00 Uhr
01.10. - 31.12. von 9:00 - 17:00 Uhr

● **Canyon Visitor Education Center**
Das Informations- und Schulungszentrum liegt nur wenige Meter südöstlich von Canyon Junction im Canyon Village Komplex. Den Besuchern wird anhand von interaktiven Ausstellungen, Animationen und audiovisuellen Produktionen der Yellowston Vulkan, die Entstehung und Funktion der Geysire und der heißen Quellen sowie die geologische Geschichte der Yellowstone-Landschaften erklärt.

Gezeigt werden u.a.:
- Ein großes Reliefmodell des Nationalparks, das die Vulkanausbrüche, Lavaströme, Gletscher und Verwerfungen übersichtlich demonstriert.

US Nationalpark Guide

- Die weltweit größte Lavalampe, die aufzeigt, wie das vulkanische Magma aus dem Erdinneren aufsteigt und durch Wärmekonvektion das Yellowstonegebiet nachhaltig prägt.
- Detaillierte Panoramen, Dioramen und Querschnitte stellen die vielfältigen Lebensräume in den riesigen Wäldern und auf den Wiesen des Nationalparks dar.
- Ein großer, fast 4 Tonnen schwerer Globus, der die weltweiten vulkanischen Aktivitäten anzeigt.
- Computergenerierte Ausstellungsstücke, die den Besucher Erdbeben eindrucksvoll fühlen und erleben lassen.
Tel. 307-344-2550
Öffnungszeiten:
17.04. - 22.05. von 9:00 - 17:00 Uhr
23.05. - 07.09. von 8:00 - 20:00 Uhr
08.09. - 30.09. von 8:00 - 18:00 Uhr
01.10. - 12.10. von 9:00 - 17:00 Uhr

● **Fishing Bridge Visitor Center**
Das rustikale Visitor Center wurde bereits 1931 erbaut und ist mit seiner unverwechselbaren Naturstein- bzw. Blockhaus-Architektur zum Prototyp für Nationalpark-Bauten im ganzen Land geworden. Es liegt etwa eine Meile abseits der Grand Loop Road an der Straße, die zum Ost-Eingang führt. Neben den üblichen Ranger-Aktivitäten (Information, Beratung usw.), erwartet den Besucher eine historische Vogel-Ausstellung von 1931, die einen guten Überblick über die Vogelwelt im Yellowstone gibt, sowie ein ausgestopfter Grizzlybär nebst zwei Jungtieren sowie eine ebenfalls ausgestopfte Otterfamilie.
Tel. 307-344-2450
Öffnungszeiten:
23.05. - 30.09. von 8:00 - 19:00 Uhr

● **Grant Village Visitor Center**
Das Grant Villige Visitor Center befindet sich am Ufer des Yellowstone-See, etwa einen Kilometer von der Straße zum Südeingang des NP entfernt. Das Besucherzentrum beherbergt eine Ausstellung, die sich mit den Waldbränden und ihren Auswirkungen auf Flora und Fauna im Nationalpark beschäftigt. Zusätzlich wird ein informativer Film vorgeführt, der die langsame Regenerierung der von Waldbränden betroffenen Flächen verdeutlicht.
Tel. 307-344-2650
Öffnungszeiten:
23.05. - 30.09. von 8:00 - 19:00 Uhr

● **Madison Information Station**
Das rustikale Blockhaus mit Steinsockel stammt aus den Jahren 1929/30 und ist heute als National Historic Landmark eingetragen.
Vor dem Gebäude befindet sich eine Gedenktafel zu Ehren von Stephen Mather, einem amerikanischen Geschäftsmann und Naturschützer, der von 1917 bis 1929 der erste Direktor des neugegründeten National Park Service war.
Tel. 307-344-2821
Öffnungszeiten:
23.05. - 07.09. von 9:00 - 18:00 Uhr

● **Junior Ranger Station**
Ein Informationszentrum speziell für die Belange der Kinder im Alter von 5 - 12. Das Ziel des Programms ist es, Kindern die Naturwunder des Yellowstone Nationalparks altersgerecht näher zu bringen. Die „Junioren" sind im urigen Blockhaus der Madison Information Station untergebracht.
Tel. 307-344-2876

Öffnungszeiten:
23.05. - 07.09. von 9:00 - 18:00 Uhr

● **National Park Ranger Museum**
Das Museum befindet in einem Gebäude von 1908, das damals für die Soldaten errichtet wurde, die im Yellowstone National Park für Recht und Ordnung sorgen sollten. Zwar wurde es zwischenzeitlich abgerissen, aber an gleicher Stelle mit dem ursprünglichen Grundriss und unter Verwendung der identischer Baustoffe originalgetreu wieder aufgebaut. Heute zeigt das Museum an Hand von Exponaten und Schautafeln die Entwicklung des Ranger-Berufes mit seinen Wurzeln in den militärischen Traditionen bis in die aktuelle Neuzeit. In einem kleinen Auditorium informiert der 25-minütige Film „An American Legacy" über die Entwicklung des National Park Service. Das Personal des Museums setzt sich größten Teils aus pensionierten Mitarbeitern des NPS zusammen, die viele unterhaltsame Geschichten erzählen können.
Tel. 307-344-7353
Öffnungszeiten:
23.05. - 27.09. von 9:00 - 17:00 Uhr

● **Noris Geyser Basin Museum**
Das Norris Geyser Basin Museum liegt mitten im Bereich des gleichnamigen Basins nur wenige Meter östlich von Norris Junction. Es dient als Museum und auch als Info Station. Ebenfalls zwischen 1929 und 1930 errichtet, ist es, wie die Madison Information Station, auch in der Liste der National Historic Landmarks geführt. Das Museum besteht aus zwei Gebäudeteilen, die mit einem überdachten Durchgang zum Porcelain Basin verbunden sind. In den Ausstellungsräumen werden die hydrothermalen Besonderheiten des Geysirbeckens anhand von Exponaten und Schautafeln ausführlich und anschaulich erklärt. Der Info Schalter im Durchgang ist mit Rangern des NPS

Der Durchgang zum Porcelain Basin teilt das Norris Geysir Basin Museum in zwei Hälften.

besetzt, die umfassende Auskünfte erteilen können.
Tel. 307-344-2812
Öffnungszeiten:
23.05. - 30.09. von 9:00 - 18:00 Uhr

● **Old Faithful Visitor Education Center**
Erst 2010 eröffnet, ist das Old Faithful Visitor Education Center das modernste Informationszentrum im gesamten Park. Kinder aller Altersklassen werden sich im Young Scientist Ausstellungsraum wohl fühlen. An einem großen Geysir Modell sehen sie, was unter der Erde passiert, bevor das heiße Wasser ausbricht.
Tel. 307-344-2751
Öffnungszeiten:
17.04. - 22.05. von 9:00 - 18:00 Uhr
23.05. - 30.09. von 8:00 - 20:00 Uhr
01.10. - 01.11. von 9:00 - 17:00 Uhr

● **West Thumb Information Station**
Auch hier steht die Information im Vordergrund. Ranger stehen den Touristen während der Öffnungszeiten mit Rat und Tat zur Seite.
Tel. 307-344-2650
Öffnungszeiten:
23.05. - 30.09. von 9:00 - 17:00 Uhr

- in 59758 West Yellowstone
● **West Yellowstone Info Center**
West Yellowstone Chamber of Commerce Building. Yellowstone National Park Information und Ranger Spaziergänge und Gespräche.
30 Yellowstone Avenue
Tel. 307-344-2876
Öffnungszeiten:
17.04. - 22.05. von 8:00 - 16:00 Uhr
23.05. - 07.09. von 8:00 - 20:00 Uhr
08.09. - 01.11. von 8:00 - 16:00 Uhr

Wildtiere im Yellowstone
Wo laufen sie denn?

Der Nationalpark ist nicht nur für seine Geysire, sondern auch für die vielfältige Tierwelt bekannt und berühmt. Alleine 67 Arten von Säugetieren bevölkern die ausgedehnten Wiesen und die riesigen Waldgebiete des Parks. Dazu gesellen sich noch über 300 Vogelarten.

Die beste Zeit für die Tierbeobachtung sind die frühen Morgen- oder auch die Abendstunden, wenn die Tiere auf Nahrungssuche sind und ihre schützende Umgebung verlassen. Wegen dem hohen Aufkommen von Wildtieren sind das Hayden Valley im Zentrum des Nationalparks sowie Lamar Valley im Norden bei den Besuchern sehr beliebt. Hier lassen sich die Tiere oftmals sogar bequem und sicher vom Fahrzeug aus lokalisieren und beobachten. Ein gutes Fernglas oder ein Teleobjektiv mit langer Brennweite für die Fotografie sind dabei eine große Hilfe.

Auf jeden Fall sollten die Sicherheitsvorgaben der Park Ranger beachtet werden. Bären und Wölfen darf man sich zu Fuß nicht mehr als 100 Meter nähern. Bei allen anderen Tieren beträgt der minimale Sicherheitsabstand 25 Meter. Dabei geht es nicht nur darum den notwendigen Lebensraum der Tiere zu respektieren, sondern auch um den Schutz der Touristen. Insbesondere Muttertiere mit Jungen sind unberechenbar und greifen Menschen unvermittelt an, um ihren Nachwuchs zu verteidigen.

Wer ganz auf Nummer Sicher gehen will, schließt sich einer der zahlreichen, von erfahrenen Park Rangern geführten Touren an, die z.B. unter den Namen „Hayden Valley Venture" (9,6 km, 4 - 5 Stunden), „Beaver Ponds Ramble" (8 km, 4 Stunden) oder „Walk on the Wild Side" (3 km, 2 Stunden) angeboten werden. Informationen dazu gibt es in allen Visitor Centern des Nationalparks.

Allerdings sollten sich die Besucher im Klaren sein, dass es keine Garantie für irgendwelche Tiersichtungen gibt. Die Natur ist nicht kalkulierbar. Um so wertvoller sind dann aber auch die tatsächlichen visuellen Begegnungen mit den Tieren.

● **Grizzlybär (Ursus arctos horribilis)**
Die Anzahl der Bären im Yellowstone Nationalpark kann nur geschätzt werden. Denn Bären halten sich nicht an die Nationalparkgrenzen. Ein männlicher Grizzlybär hat einen Lebensraum von 800 - 2.000 Quadratmeilen. Die Weibchen sind weniger rastlos - bei ihnen sind es 300 - 500 Quadratmeilen. Der Grizzlybär steht unter Schutz, daher ist seine Population in den letzten Jahren von geschätzten 175 Tieren (1975) wieder auf 675 bis 840 Exemplare (2014 in Greater Yellowstone) angewachsen. Die besten Chancen im Yellowstone Grizzlybären zu sichten hat man in der Morgen-, sowie in der Abenddämmerung sowohl im Hayden Valley als auch im Lamar Valley. Aber auch an den Nordhängen des Mount Washburn und im Gebiet zwischen Fishing Bridge und East Entrance fühlen sich die mächtigen Tiere wohl.

US Nationalpark Guide

Die langen Krallen, der arttypische Buckel und das spitzer zulaufende Gesicht unterscheiden den Grizzly- vom Schwarzbären.

Obwohl die Grizzlys zu den Braunbären gehören, variiert ihr Fell von gelbblonden bis fast schwarzen Farbschattierungen. Ein ausgewachsenes männliches Exemplar bringt bis zu 700 Kilogramm auf die Waage, die Schulterhöhe liegt bei bis zu 1,5 Metern und aufgerichtet ist solch ein Koloss bis zu 2,5 Meter hoch. Die Weibchen sind deutlich kleiner und leichter. In freier Wildbahn können Grizzlybären bis zu 30 Jahre alt werden.

Die Bären sind Allesfresser und verbringen einen Großteil der Zeit mit der Nahrungsaufnahme - besonders im Herbst, wenn die Gewichtszunahme besonders groß ist und sie sich Reserven für die Winterruhe anfressen. Auf ihrem Speisenplan steht das Aas von Bisons und anderen Huftieren, aber sie machen auch Jagd auf Kälber, Kleintiere und Fische, z.B. Lachse. Auch Gräser, Klee, Pilze und die stark fetthaltigen Pinienkerne werden von ihnen nicht verschmäht.

Die Farbe des Fells ist kein eindeutiges Erkennungsmerkmal der Grizzlybären, da sie im Laufe eines Jahres wechseln kann und Schwarzbären ähnliche Pelzfarben haben. Typisch für Grizzlys ist jedoch der ausgeprägte Nackenbuckel, die stärker vom Kopf abgesetzte Schnauze und die Krallen, die deutlich länger sind als beim Schwarzbär. Auch sind Grizzlybären im Allgemeinen deutlich aggressiver als Schwarzbären

Nach Angaben der Parkverwaltung besuchten zwischen 1980 und 2014 fast 100 Millionen Menschen den Yellowstone NP. In diesem Zeitraum wurden 45 Besucher von Bären angegriffen bzw. verletzt. Im Jahre 2013 kam es im Nationalpark zu acht gefährlichen Zwischenfällen mit Bären (Jahresdurchschnitt 1990-2012 = sechs Konflikte). In sechs Fällen ergaben sich Sachschäden, ein Mal „klaute" ein Bär Futter und in einem Fall verletzte ein Bär einen Parkbesucher. 2015 ist ein Einzelwanderer von einem Grizzly angegriffen und getötet worden. Auch wenn die Chance äußerst gering ist, Probleme mit einem Bären zu bekommen, sollten alle Parkbesucher die Sicherheitsvorgaben ernst nehmen (siehe Seite 52) und sich vorab bei den Rangern informieren.

● **Schwarzbär (Ursus americanus)**
Der amerikanische Blackbear ist deutlich kleiner und damit auch leichter als der Grizzly. Seine Schulterhöhe beträgt bis zu 90 Zentimetern, seine Gewicht bis zu 400 Kilogramm (Weibchen bis zu 230 kg) und aufgerichtet sind Schwarzbären 1,50 bis 1,80 Meter groß. Trotz des Namens ist ihr Pelz nicht immer schwarz - das Farbspektrum reicht von blond über zimt bis braun. Mit ihren kurzen, gebogenen Krallen sind sie gute Kletterer, können aber nicht so gut wie der Grizzly nach Insekten graben. Doch grundsätzlich ist ihr Speisenplan ähnlich dem der Grizzlybären - sie sind ebenfalls Allesfresser. Auch Schwarzbären halten Winterruhe. Dabei geht ihre Atemfrequenz und auch der Herzschlag deutlich zurück. Ihre Körpertemperatur sinkt jedoch nur um 4 bis 7°C und sie werden leicht wach. Daher spricht man von Winterruhe und nicht von Winterschlaf. Da sie in dieser Zeit keine Nahrung aufnehmen, verlieren sie bis zu 30% ihrer Körpergewichts.

Im Yellowstone Nationalpark findet man die meisten Schwarzbären im nördlich Teil, also im Gebiet von Tower-Roosevelt und Mammoth Hot Springs. Die, bis auf die Paarungszeit als Einzelgänger lebenden Tiere unternehmen oft ausgedehnte Wanderungen, auch über die Parkgrenzen hinaus.

● **Bisons**
Wie die Bären, gehören auch die Bisons zum festen Inventar des Nationalparks. Und das, obwohl die mächtigen Tiere um 1900 auf dem Gebiet des Yellowstone fast ausgerottet waren. Rücksichtslose Jäger und Wilderer hatten den Bestand bis auf knapp dreißig Bisons dezimiert. Dank entsprechender Schutzbestimmungen und der Zuführung weiterer 21 Exemplare von außerhalb hat sich die Population wieder erholt und heute leben rund 4.900 Bisons im Nationalpark. In den Sommermonaten grasen sie auf den Wiesen im Hayden und Lamar Valley, in den Wintermonaten ziehen sie sich zurück in die Hydrothermalgebiete, nach Mammoth Hot Springs und in die Tower Roosevelt Area.

Die mächtigen Tiere sind Wiederkäuer und ernähren sich hauptsächlich von Gräsern, jungen Trieben und Ästen. In den strengen Wintern wird die Nahrungssuche für sie problematisch. Im Durchschnitt überleben 9 von 100 Tieren die kalte Jahreszeit nicht. Sie sterben an Altersschwäche, Krankheiten, oder werden - schon geschwächt - von Wölfen öder Grizzlybären gerissen. Der Rest überlebt dank einem dicken Fell und entsprechenden Fettschichten.

Zur Paarungszeit von Juli bis August schließen sich die ansonsten als Einzelgänger lebenden mächtigen Bullen

Immer nur Gras ist langweilig. Ab und an bereichert auch mal ein junges Bäumchen den Speisenplan des Bisons.

einer Herde an, die aus bis zu fünfzig Kühen und Kälbern bestehen kann. Dabei kommt es dann zu Machtkämpfen mit anderen Bullen, die sich ebenfalls paaren wollen. Oft ist es reines Imponiergehabe und die Rangordnung ist wieder hergestellt. Aber es kann auch zu erbitterten Auseinandersetzungen kommen, bei denen die Kontrahenten mit ihren Köpfen so lange gegeneinander krachen bis einer der beiden nachgibt.

Ein ausgewachsener Bulle wiegt bis zu einer Tonne. Kühe sind zierlicher und bringen etwa die Hälfte auf die Waage. Trotz ihrer Größe sind sehr wendig und schnell. Einmal in Bewegung erreichen sie Geschwindigkeiten von bis zu 50 km/h. Viele Parkbesucher unterschätzen die friedlich grasenden Tiere und unterschreiten den Sicherheitsabstand. Fühlen sich die Bisons dann belästig oder gar bedroht, können sie aggressiv und zu einer wahren Kampfmaschine werden. Selbst in einem geschlossenem PKW ist man dann nicht mehr vor ihnen sicher.

● **Wölfe (Canis lupus)**

Als Fleischfresser, Beutegreifer und Raubtier wurde der Wolf auch im Nationalpark lange gejagt und galt in den 1970er Jahren im Gebiet des Yellowstone schon als ausgestorben. Da man aber wusste, dass die Tierart schon vor der Gründung des Nationalparks hier heimisch war, siedelte der NPS zwischen 1995 und 1997 insgesamt 41 Mackenzie-Wölfe aus Kanada und Montana auf dem Parkgebiet an.

Heute schätzt man den Bestand im Großraum Yellowstone auf 400-450 Tiere. Innerhalb der Parkgrenzen zählten die Ranger im Dezember 2013 zehn Wolfsrudel mit insgesamt 95 Wölfen. Über 20% der Yellowstone-Wölfe

Die Geschichte der Büffel

Geschätzte 25-30 Millionen Bisons bevölkerten noch im 16. Jahrhundert die Prärien Nordamerikas. Ende des 19. Jahrhunderts waren es nur noch wenige Hundert - der amerikanische Bison war vom Aussterben bedroht. Was war passiert?

Mit der Erschließung des amerikanischen Westens durch die Eisenbahn kündigte sich der Untergang der riesigen Buffelherden an, die den indianischen Ureinwohnern über Jahrtausende als Lebensgrundlage dienten. Anfangs gingen die Bahnarbeiter lediglich für die Lebensmittelbeschaffung auf Büffeljagd. Mit der Eröffnung der durchgehenden Eisenbahnverbindung entwickelte sie sich aber zum regelrechten „Volkssport". Ein einziger Reisender konnte an nur einem Tag 50 bis 100 Bisons aus dem fahrenden Zug abschießen - just for Fun. Später dezimierte man die Herden systematisch weiter, auch um die Native Indians zu schädigen. Allein zwischen 1872 und 1874 sollen mehr als eine Million Büffelfelle jährlich in den Osten transportiert worden sein.

Erst mit der Gründung des Yellowstone Nationalparks entstand ein Schutzgebiet für die Tiere. 1902 lebten hier lediglich noch 32 wilde Bisons - heute sind es fast 5.000. Inzwischen schätzt man den Gesamtbestand in den USA wieder auf rund 500.000 Tiere. Die meisten werden jedoch kommerziell gezüchtet, da sie für das Leben in der Prärie besser geeignet sind als Rinder.

tragen Funkhalsbänder mit deren Hilfe die Wissenschaftler die Lebensgewohnheiten der Spezies erforschen.

Wölfe jagen im Rudel. Dabei sind längere Hetzjagden eher untypisch. Statt dessen umzingeln sie ihre Beute und greifen sie von mehreren Seiten aus an. Während sie sich im Sommer hauptsächlich von Rehen und kleineren Säugetieren ernähren, greifen sie in den Wintermonaten verstärkt auch Elche und auch schon mal geschwächte Bisons an.

In der freien Natur können Wölfe bis zu 12 Jahre alt werden. Ausgewachsene Tiere erreichen eine Kopfrumpflänge von bis zu 160 cm. Ihre Schulterhöhe beträgt dann etwa 80 cm und sie wiegen bis zu 80 kg.

● Koyoten (Canis latrans)

Auch die Koyoten gehören zur Familie der Hunde und können auf den ersten Blick für Wölfe gehalten werden. Jedoch sind Kojoten deutlich kleiner und erscheinen magerer. Sie erreichen eine Schulterhöhe von lediglich ca. 50 cm bei einer Gesamtlänge von 110 cm. Ihr Durchschnittsgewicht liegt bei 14 kg.

Das Sozialverhalten der auch Prärieoder Steppenwolf genannten Tiere ist weniger ausgeprägt als bei den Wölfen. Daher durchstreifen sie das Yellowstonegebiet als Einzelgänger meist alleine und nur selten in kleinen Gruppen. Mit der Wiederansiedlung der Wölfe Ende des vergangenen Jahrhunderts ist die Population der Koyoten im Yellowstone Nationalpark spürbar zurückgegangen.

US Nationalpark Guide

● **Elch / Moose (Alces alces shirasi)**
Wer zum ersten Mal einem ausgewachsenen Elch (im amerikanischen Sprachgebrauch Moose genannt) gegenübersteht, wird unter Umständen überrascht sein - die massigen Tiere gelten als die größte Art in der Familie der Hirsche. Bei einer Schulterhöhe von bis zu 2,30 Metern und bis zu 3 Metern Gesamtlänge wiegen Elchbullen schon mal 800 kg. Allein das mächtige Geweih, das im übrigen jedes Jahr im Januar/Februar abgestoßen wird, kommt dabei auf bis zu 20 kg.

Um 1980 gab es noch ca. 1.000 Elche im Yellowstone. Nach den starken Waldbränden im Jahr 1988 ist die Anzahl der der majestätischen Tiere im Nationalpark stark zurückgegangen. Im folgenden harten Winter fanden viele ältere Elche zu wenig Nahrung und verendeten. Außerdem wurden überdurchschnittlich viele Kälber von Grizzlys und Wölfen gerissen. Inzwischen erholt sich die Population wieder. Derzeit leben etwa 200 Elche vornehmlich im südwestlichen Teil des Parks, entlang des Bechler und Falls River, in den Uferzonen des Yellowstone Lake und im Willow Park Bereich zwischen Mammoth Hot Springs und Norris.

● **Wapiti / Elk (Cervus canadensis)**
Anders als die Elche leben die Wapitis in großen Herden. Sie sind die am häufigsten vorkommenden Huftiere im Yellowstone Nationalpark. In den Sommermonaten werden regelmäßig 10.000 bis 20.000 Tiere in sechs bis sieben Herden gezählt - wegen ihrer Wanderungen geht die Zahl in den Wintermonaten auf unter 5.000 zurück. Während sie in den Sommermonaten auf den ausgedehnten Wiesen entlang des Gibbon River und auch im Lahmar Valley zu sehen sind, zieht es sie zur Paarungszeit im Herbst in den Norden, wo sie auch den Winter verbringen. Nur einzelne Wapitis (unter 100 Tiere) ver-

Elchkühe auf Futtersuche.

bleiben ganzjährig entlang des Firehole und Madison River.

Die Wapitis sind größer als ihre nahen Verwandten, die europäischen Rothirsche. Bei einer Schulterhöhe von 0,75 bis 1,5 Metern bringen es die Bullen auf 250 bis 450 kg - die weiblichen Tiere auf etwa die Hälfte.

● **Maultierhirsch / Mule Deer (Odocoileus hemionus)**
Genetisch hat diese Hirschart rein gar nichts mit den Maultieren zu tun. Lediglich die Form und die Größe der Ohren erinnert an die Kreuzung von Pferdestute und Eselshengst. Im Sommer leben bis zu 1.900 Maultierhirsche im Nationalparkbereich. Wegen ihrem Wanderverhalten dezimiert sich die Anzahl im Winter auf weniger als 400 Exemplare, die sich dann meist im Bereich des North Entrance aufhalten.

● **Pronghorn / Gabelbock (Antilocapra americana)**
Gabelböcke sind die schnellsten Säugetiere des amerikanischen Kontinents. Die Tiere mit dem enormen Sprungvermögen erreichen Geschwindigkeiten von annähernd 80 km/h - und das auf Strecken von bis zu fünf Kilometern. Im Sommer grasen die meisten im Yellowstone ansässigen rund 400 Proghorns im Lamar Valley. Im Winter zieht es sie in das Gebiete zwischen dem Nordeingang und dem Reese Creek.

● **Vogelwelt**
Vogel-Sichtungen werden seit der Gründung des Nationalparks 1872 dokumentiert. Über 300 Vogelarten, darunter Greif-, Sing-, Küsten- und Wasservögel konnten registriert werden. Rund 150 Arten davon nisten auch im Park und gelten damit heimisch. Andere (Zugvögel) sind nur auf der Durchreise.

Die zahllosen Flüsse, Seen und Feuchtgebiete im Nationalpark sind Lebensraum für eine große Anzahl von Wasser- und Küstenvögeln, wie z.B. Trompeterschwänen, Eistauchern, Fischadlern, Pelikanen und Kranichen. Die Wälder und Wiesen beherbergen viele Arten von Grasmücken, Spatzen und anderen Sperlingsvögel.

Absoluter Publikumsliebling aber ist der Weißkopfseeadler, das Wappentier der Vereinigten Staaten. Immer wieder sieht man mit Ferngläsern „bewaffnete" Touristen, die die Nester der imposanten Greifvögel beobachten.

● **Sonstige**
In den Bergregionen des Yellowstone NP kann man jederzeit auf Dickhornschafe und Bergziegen stoßen. Nur selten dagegen bekommt man die im Parkgebiet ebenfalls heimischen Raubtiere Dachs, Vielfraß, Marder, Wiesel, Luchs und Berglöwe/Puma (noch 18-24 Tiere) zu sehen. Auf die rund 500 nachtaktiven Biber im Park weisen meist nur die in „Sanduhrtechnik" abgeholzten Bäume, ihre die Dämme und Biberburgen hin.

Andere, kleinere Säugetierarten sind weniger scheu. Immer wieder sieht man putzige Erd- und Eichhörnchen, Kaninchen und auch Hasen im Nationalpark.

Safety first
Mit Bären ist nicht zu spaßen

Die wichtigeste Regel im Umgang mit Bären ist, sich vorab bei den Rangern zu informieren. So gibt es eine Statistik, die besagt, dass 91% der Personen, die seit 1970 im Yellowstone von Bären verletzt wurden, alleine unterwegs waren. Im Umkehrschluss bedeutet dies, dass man in einer Gruppe von drei oder mehr Wanderen sicherer unterwegs ist.

Die nächste Regel ist simpel und lautet: Abstand halten! Und die richtigen Distanz regelt sogar ein Bundesgesetz. Hier heißt es, dass man von Bären (und auch von Wölfen) mindestens 100 Yards Abstand halten muss. Diese Vorschrift wird von den Nationalpark-Rangern streng überwacht.

Der Geruchssinn der Bären ist sehr stark ausgeprägt und dem des Menschen um ein Vielfaches überlegen. Daher sollten Lebensmittel und Abfälle, deren Geruch die Tiere anziehen könnte, „bärensicher" aufbewahrt werden. Am Besten in den entsprechenden Lebensmittelboxen die auf Campingplätzen aufgestellt sind. .

Bären reagieren meist aggressiv, wenn sie überrascht und aufgeschreckt werden. Es kann daher durchaus hilfreich sein, beim Wandern zu singen oder sich sonst irgendwie bemerkbar zu machen. Auch eine sogenannte Bärenglocke am Rucksack, die dem Tier die sich nähernden Wanderer ankündigt, kann helfen.

Kommt es zur Begegnung, ist es von Vorteil, wenn der Wanderer den Bären zuerst sieht. Nun kann er überlegt und ohne Panik langsam den Rückzug antreten - ohne das Tier dabei aus den Augen zu lassen.

Auch bei einem Angriff sollte man - selbst wenn es schwer fällt - die Nerven behalten. Nicht weglaufen - der Bär ist schneller. Ausgewachsene Grizzlys erreichen Geschwindigkeiten von bis zu 60 km/h. Pfefferspray erst dann einsetzen, wenn der Bär im Abwehrbereich angekommen ist. Und erst im letzten Moment vor dem Kontakt den „toten Mann" spielen. Dabei gilt es sich flach auf den Bauch zulegen und den Kopf mit den Armen zu schützen.

Aktivitäten

Wandern im Yellowstone
So weit die Füße tragen

Vorsichtsmaßnahmen

Extremes Wetter und rauhes Gelände bedeuten eine Gefahr für jeden Wanderer. Schon das Wandern in einer Gruppe vermindert ein mögliches Risiko enorm. Auch eine gute Vorbereitung hilft, dass ein Wanderausflug erfolgreich beendet werden kann und in guter Erinnerung bleibt. Funktionelles Schuhwerk und entsprechende Bekleidung (Zwiebelprinzip) sind dabei eine wichtige Grundvoraussetzung. Dazu eine Kopfbedeckung als Sonnenschutz und ein bequemer Rucksack für Getränke, kleine Snacks und Obst.

Auch das Einholen von Informationen zum Wetter, über den Zustand der Trails und auch über mögliche Gefahren, gehört zu einer verantwortungsvollen Vorbereitung. Diesbezüglich sind die Parkranger im Visitor Center die idealen Ansprechpartner.

Immer wieder müssen Wanderer aus Notlagen befreit werden, in die sie aus Erschöpfung und Wasserentzug geraten sind. Die Parkranger empfehlen daher, pro Wanderstunde zwischen einem halben und einem Liter Flüssigkeit zu trinken. Des weiteren sollte man sich nicht übernehmen, langsam gehen, sein persönliches Tempo finden und auch häufige Pausen einlegen, nicht nur, um dem Körper Erholung zu gönnen, sondern auch, um die Natur entsprechend zu genießen. Das Motto sollte lauten: Verantwortungsbewusst wandern - mit Rücksicht auf die Umgebung und auf sich selbst.

Gesundheitsrisiken
Erschöpfung
Wanderer können durch extremes Schwitzen pro Stunde bis zu 2 Liter Wasser verlieren.
Symptome: Blässe, Übelkeit, kühle und feuchte Haut, Kopfschmerzen und Krämpfe.
Behandlung: Wasser trinken, Schatten aufsuchen und Körper kühlen, Nahrungsmittel mit hohem Kohlenhydratgehalt essen.

Hitzschlag
Lebensbedrohlicher Notfall, bei dem die Wärmeregulierungsfunktionen des Körpers überlastet werden.
Symptome: Gesichtsröte, trockene Haut, flacher und schneller Puls, hohe Körpertemperatur und im Endstadium Bewusstlosigkeit.
Behandlung: Schatten aufsuchen, Körper kühlen, Hilfe holen (lassen)!

Hyponatriämie
Folge einer niedrigen Natriumkonzentration im Blut, die durch Trinken von zu viel Wasser und Salzverlust durch Schwitzen verursacht wird.
Symptome: Übelkeit, Erbrechen, häufiger Harndrang.
Behandlung: Pause einlegen und salzhaltige Snacks essen. Wenn die geistigen Fähigkeiten abnehmen, sofort Hilfe holen lassen.

Unterkühlung
Lebensbedrohlicher Notfall, bei dem

der Körper sich aufgrund von Erschöpfung und kalter Witterung nicht warm halten kann.
Symptome: Zittern, geringe Muskelkontrolle, Herzrasen.
Behandlung: Trockene Kleidung, warme Flüssigkeiten trinken, Körper wärmen und vor Wind, Regen und Kälte schützen.

Trails im Yellowstone NP

Old Faithful Area
- **Midway Geyser Basin Trail**

Trailhead: Midway GB-Parkplatz ca. 6 Meilen nördlich von Old Faithful.
Länge: 0.5 Meilen (0,8 km).
Der Trail führt über sichere Bretterstege vorbei an den Geysiren und Pools des sehenswerten Midway Geysir Basin.

- **Fountain Paint Pot Trail**

Trailhead: Parkplatz 8 Meilen (12,8 km) nördlich von Old Faithful.
Länge: 0,5 Meilen (0,8 km).
Der kurze Spaziergang führt vorbei an allen vier Typen von geothermalen Besonderheiten im Yellowstone Nationalpark: Geysire, heiße Quellen, Fumarolen und Mudpots (Schlammtöpfe) Für den Bereich ist ein Trail Guide erhältlich.

- **Observation Point Loop Trail**

Trailhead: Firehole River Brücke hinter dem Old Faithful Geysir.
Länge: 1.1 Meilen (1.8 km).
Der Trail führt den Wanderer zu einem etwa 60 Metern höher gelegenen Aussichtpunkt mit einen grandiosen Überblick auf das Upper Geyser Basin.

- **Geyser Hill Loop Trail**

Trailhead: Old Faithful Visitor Center.
Länge: min. 1,3 Meilen (2 km).
Dieser kurze Rundweg führt den Besucher gleich zu mehreren Geysiren. So zum Anemone Gyser, der in kurzen Intervallen von 5 - 10 Minuten ausbricht oder zum imposanten Beehive mit seinen unbrechenbaren, aber dafür bis zu 30 Meter hohen Fontänen.
Der Rundweg kann durch Abstecher zum Castle, Grand, Riverside und Daisy Geysir sowie zum beeindruckend farbenprächtigen Morning Glory Pool (siehe Titelfoto) ausgebaut werden. Auskünfte dazu gibt die Self-guiding Trail Map, die im Visitor Center erhältlich ist.

- **Mystic Falls**

Trailhead: Am Ende des Biscuit Basin Boardwalk.
Länge: 2,4 Meilen (4 km) Rundweg.
Der Weg zum Wasserfall beginnt am westlichen Ende der Holzstege im Biscuit Basin in der Nähe des Avoca Spring. Von hier aus geht es 0,7 Meilen (1,1 km) immer entlang des Little Firehole River, bevor der Pfad steil ansteigt bis zum Aussichtspunkt auf die Mystic Falls mit 21 Metern Fallhöhe. Der Trail führt durch Bärengebiet und wird erst Ende Mai geöffnet.

- **Lone Star Geyser Trail**

Trailhead: Parkplatz bei den Kepler Cascaden (3,5 südöstlich der Old Faithful Area).
Länge: 5 Meilen (8 km) Rundweg.
Der einfache Trail folgt einer alten Zufahrtsstraße entlang des Firehole River, die auch von Radfahrern genutzt wird. Rechts und links sind im Kiefernwald

noch die Auswirkungen des dramatischen Feuers von 1988 sichtbar.
Der Lone Star Geyser „spuckt" etwa alle drei Stunden eine ansehnliche, rund 15 Meter hohe Wasserfontäne aus.

● **Sentinel Meadows Trail**
Trailhead: Parkplatz am Ende der Fountain Flats Drive.
Länge: 5 Meilen (8 km).

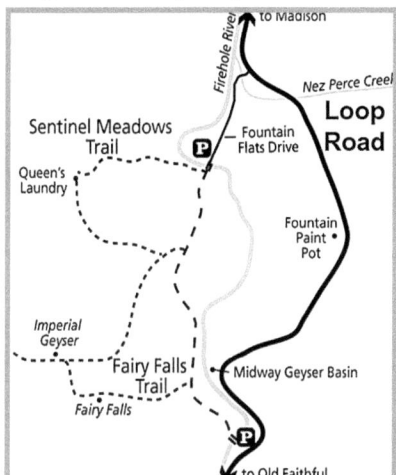

Kurze Wanderung, vorbei an verschiedenen Geysiren und heißen Quellen unterschiedlicher Farben und Größen, in das eher ruhige Hinterland. Mit ein wenig Glück sind weidende Bisons auf den Wiesen entlang des Trails zu sehen. Am westlichen Scheitelpunkt liegt Queens Laundry. Ende des 19. Jahrhunderts nutze man hier den von Cyanobakterien blaurot gefärbten Heißwasserpool Red Terrace Spring zum Baden und Wäsche waschen. Im Wasser steht die Ruine des ehemaligen Badehauses.

● **Mallard Lake Trail**
Trailhead: Old Faithful Lodge.
Länge: 6,8 Meilen (11 km) Rundweg.
Der Weg führt durch ein teilweise bewaldetes Tal, steigt dann hinauf auf einen Bergrücken hinter dem sich auch schon der Mallard Lake befindet - ein friedlicher, etwa 500 Meter breiter Waldsee. Zurück geht es die gleiche Strecke.

● **Midway Geyser Basin Trail**
Trailhead: Parkplatz 6 Meilen (9,6 km) nördlich von Old Faithful.
Länge: 0,5 Meilen (0.8 km).
Sichere Holzstege führen die Besucher durch das beeindruckende Midway Geyser Basin mit den Highlights Excelsior Geyser und Grand Prismatic Spring.

● **Fairy Falls Trail** (Skizze Seite 60)
Rundweg zu einem mit 61 Metern Fallhöhe der höchsten Wasserfälle im Yellowstone Nationalpark. Zwei Routen sind empfehlenswert:
- Route 1
Trailhead: Parkplatz südlich des Midway Geyser Basin.
Länge (h.u.z.): ca. 5 Meilen (8,4 km).
Von hier aus geht es auf der Stahlbrücke über den Firehole River, dann durch das spektakuläre Midway Geyser Basin, vorbei am Grand Prismatic Pool, am Imperial und am Spray Geysir zum Wasserfall.

- Route 2
Trailhead: Parkplatz am Ende der Fountain Flats Drive.
Weglänge: ca. 7 Meilen (11,2 km).
Von hier aus führt der Trail entlang der nun für den Verkehr gesperrten Straße in Richtung Süden bevor er nach etwa einer Meile (1,6 km) nach Westen

(rechts) in den Kiefernwald abbiegt. Hier erkennt man noch deutlich die Auswirkungen der großen Waldbrände von 1988, aber auch wie sich die Pflanzenwelt Schritt für Schritt wieder regeneriert. Nach 1,6 Meilen (2,6 km) ist das Ziel erreicht.

Grant Village / West Thumb

- **West Thumb Geyser Basin**

Trailhead: Parkplatz am West Thumb GB, 1/4 Meile nördlich der West Thumb Junction.
Länge: 0,6 Meilen (1 km).
Von den Boardwalks lassen sich sowohl die heißen Quellen als auch die Geysire am Ufer des Yellowstone Lake gut erreichen. Ein Trail Guide ist verfügbar.

- **Duck Lake**

Trailhead: Am Ende vom Parkplatz des West Thumb GB.
Länge: 0,8 Meilen (1,4 km).
Kurze Wanderung über einen kleinen Hügel, von dem man einen guten Ausblick auf den Duck- und den Yellowstone Lake hat. Der Abstieg führt dann zum idyllisch gelegenen Duck Lake.

- **Yellowstone Lake Overlook**

Trailhead: Rechts am Eingang zum West Thumb GB Parkplatz.
Länge: 1,5 Meilen (2,4 km).
Der Trail zum Aussichtspunkt führt durch vom Feuer geschädigten Wald und über eine große Bergwiese. Im letzten Teilstück geht es aufwärts - es gilt einen Höhenunterschied von 120 Metern zu überwinden. Oben angekommen wird der Wanderer mit einem eindrucksvollen Ausblick auf den Yellowstone Lake und die Absoroka Mountains belohnt.

- **Riddle Lake Trail**

Trailhead: Etwa 3 Meilen südlich der Grand Village Kreuzung.
Länge: 4,8 Meilen (7,6 km).
Sehr leichte, weil ebene Wanderung durch Wald und Sumpfwiesen bis zum kleinen malerischen Riddle Lake. Möglich ab dem 15. Juli oder später, wenn Trompeterschwäne am See nisten.

- **Shoshone Lake** (via DeLacy Creek)

Trailhead: 8,8 Meilen (14 km) westlich West Thumb Junction, am DeLacy Creek Schild.
Länge: 5,8 Meilen (9,4 km).
Leichte Wanderung zum herrlich gelegenen Shoshone Lake im Hinterland des Yellowston. Entlang am Waldrand und durch offene Wiesen ergeben sich immer wieder Möglichkeiten der Tierbeobachtung (Elche, Kraniche und auch Wasservögel am See). Rückkehr auf dem gleichen Weg.

- **Lewis River Channel/ Dogshead Loop**

Trailhead: Etwa 5 Meilen (8 km) südlich der Grand Village Kreuzung.
Länge: 10,8 Meilen (17,3 km).
Die anspruchsvolle Wanderung führt am Nordufer des Lewis Lake vorbei und dann parallel zum Lewis River Channel bis zur Südspitze des Shoshone Lake. Vor hier aus geht es quer durch den Wald (Dogshead Loop) zurück zum Ausgangspunkt. Diese Wanderung führt durch das einsame Backcountry des Yellowstone und mit ein wenig Glück lassen sich Fischadler bei der Jagd auf Forellen beobachten.

Fishing Bridge / Lake Village
- **Pelican Creek**

Trailhead: Westl. Ende der Pelican Creek Brücke, etwa 1 Meile (1,6 km) östlich vom Fishing Bridge Visitor Center.
Länge 0,6 Meilen (1,1 km).
Die kurze aber landschaftlich sehr reizvolle Wanderung bietet einen ersten Einblick in verschiedene Lebensräume des Yellowstone NP und ist sehr zu empfehlen. Besonders in den Morgen- und Abendstunden finden sich faszinierende Fotomotive. Der Weg folgt dem Creek durch den Nadelwald bis zum Yellowstone Lake und führt in einer Schleife zurück zum Ausgangspunkt.

- **Storm Point**

Trailhead: Parkplatz Indian Point etwa 3 Meilen (5 km) östlich vom Fishing Bridge Visitor Center.
Länge: 2,3 Meilen (3,6 km)
Wegen Bären Aktivitäten ist der Trail vom späten Frühjahr bis in den Frühsommer hinein oft gesperrt. Die Ranger im Visitor Center geben Auskunft. Der Weg führt durch offene Wiesen mit Blick auf den Indian Pond und den Yellowstone Lake. Es geht am Pond vorbei in westlicher Richtung durch den Wald zum malerischen Storm Point. Die felsige Gegend beheimatet eine Kolonie gelbbäuchiger Murmeltiere. Der Küstenlinie in Richtung Westen folgen führt der Weg in einer Schleife zurück zum Indian Pond.

- **Natural Bridge Trail**

Trailhead: Parkplatz Bridge Bay Marina in der Nähe der Zufahrt zum Campingplatz.
Länge: 2,5 Meilen (3,7 km).
Der Trail ist bis zum Frühsommer oft gesperrt, da die Bären am Bridge Creek Forellen fangen. Das Visitor Center gibt Auskunft.
Die Natural Bridge ist eine ca. 18 Meter hohe Klippe aus Rhyolith Fels, durch die sich der Creek im Laufe der Jahrtausende „durchgefressen" hat. Der Wanderweg schlängelt sich 0,7 Meilen (1,2 km) durch den Wald, stößt dann auf eine Service Road und erreicht nach weiteren 0,4 Meilen (0,6 km) den Fuß der Natural Bridge. Ein kurzer, aber steiler Aufstieg führt nach oben, das Betreten der Bridge ist aber strengstens verboten. Danach quert der Trail den Creek und erreicht immer am Fuß der Klippe entlang wieder die Straße.

- **Elephant Back Mountain**

Trailhead: Parkplatz ca. 1 Meile (1,6 km) südlich der Fishing Bridge Kreuzung.
Länge: 3,5 Meilen (5,9 km).
Der Weg zum 244 Meter höherliegenden Aussichtspunkt verläuft durch dichten Kiefernwald. Nach etwa 0,8 Meilen (1,3 km) erreicht der Wanderer eine Weggabelung - beide Strecken führen zum Ziel, doch links ist die kürzere Strecke. Am Ziel erwartet den Wanderer ein herrlicher Panoramablick über den Yellowstone Lake und die Umgebung.

- **Avalanche Peak (3.221 m)**

Trailhead: Am westl. Ende des Eleonor Lake. Erreichbar über eine Stichstraße, die etwa 19 Meilen (30,6 km) östlich Fishing Bridge Junction von der Loop Road abzweigt.
Länge: 4,2 Meilen (6,6 km).

Eine anstrengende Höhentour die im ersten Teil steil durch dichten, dunklen und zugewucherten Wald führt. Nach dem Erreichen der Baumgrenze wird es etwas weniger steil. Insgesamt müssen auf dem 3,3 km langen Weg aber 2.100 Meter Höhenunterschied überwunden werden. Der Trail ist also nichts für ungeübte Anfänger oder Menschen mit Atemwegs- oder Herzerkrankungen. Der gefährliche Weg über den schmalen Grat zum Gipfel (3.221 Meter) sollte nur von erfahrenen und gut ausgerüsteten Bergsteigern begangen werden. Bis in den Juli hinein kann hier oben noch Schnee liegen. Grizzly Bären suchen in der Gegend nach Pinienkernen. Im September/Oktober ist der Trail nicht empfehlenswert.

- **Pelican Valley Trail**

Trailhead: Am Ende einer Stichstraße, in die man 3 Meilen (4,8 km) ostl. des Fishing Bridge Visitor Center abbiegt.
Lange: 6,2 Meilen (10 km).
Diese Wanderung ins Hinterland führt durch den Lebensraum der Grizzly-Bären. Daher gelten einige Einschänkungen:
- begehbar erst ab dem 4. Juli
- nur zwischen 09:00 u. 19:00 Uhr
- möglichst in Gruppen von vier oder mehr Wanderern
- auf den ersten 2,1 Meilen (3,4 km) ist es verboten, den Weg zu verlassen. Unbedingt die Bärenwarnungen beachten! Der Trail führt nach Norden über ausgedehnte Wiesen und dann in ein kleines Wäldchen. Nach dessen Durchquerung geht es leicht bergauf zu einem Aussichtspunkt auf das Tal und die Absaroka Mountains. Vor hier aus geht es weiter in östlicher Richtung bis zu einem kleinen hydrothermalen Bereich (Regelungen beachten!) und dann wieder nördlich, dem Bach entlang, bis man zu einer unterspülten Brücke gelangt. HIer endet der Dayhike und es geht auf dem selben Weg zurück zum Startpunkt.

Canyon Area

- **Howard Eaton Trail**

Trailhead: Parkplatz 1/4 Meile (0.4 km) westlich Canyon Junction an der Norris–Canyon Road.
Länge: 10,7 Meilen one way (17,5 km).
Der mittelschwere Weg ohne größere Steigungen führt am Cascade, Grebe, Wolf und Ice Lake vorbei und durchquert Wiesen, Wälder und Moore. Unbedingt an Insektenschutz denken!

- **Grebe Lake**

Trailhead: 3,5 Meilen (5,6 km) westlich von Canyon Junction auf der Norris-Canyon Road.
Länge: 6,2 Meilen (9,8 km).
Der direkte Trail zum See folgt einer alten Fire Road durch Wald und Wiesen.

- **Cascade Lake**

Trailhead: Parkplatz an der Norris-Canyon Road etwa 1/4 Meile (0,4 km) westlich Canyon Junction oder Cascade Lake Trailhead an der Tower-Canyon Road, 1,2 Meilen (2 km) nördlich Canyon Junction.
Länge: 5 Meilen (8 km).
Leichte Wanderung durch Wald und Wiesen (im Sommer mit zahlreichen blühenden Wildblumen) zum schön gelegenen Cascade Lake. Es gibt zwei verschiedene Startpunkte, deren

Routen sich aber nach ca. 1,3 Meilen (1,5 km) vereinigen. Bis in den Juli hinein können die Wiesen nass und sumpfig sein - Insektenschutz mitnehmen.

● **Seven Mile Hole Trail**
Trailhead: Glacial Boulder Parkplatz an der Straße zum Inspiration Point.
Länge: 11 Meilen (17,7 km).

Auf den ersten 1,5 Meilen verläuft der Trail parallel zum nördlichen Rand des Grand Canyon of Yellowstone und gewährt einen herrlichen Ausblick auf die Silver Cord Cascade, einem Wasserfall auf der gegenüberliegenden Seite, der sich 370 Meter in die Tiefe stürzt. Nach weiteren 1,2 Meilen knickt der Trail nach rechts ab und es geht dann über 300 Meter steil bergab bis an das Ufer des tosenden Yellowstone River. Sowohl der Abstieg zum Fluß, als auch der Wiederaufstieg sind gefährlich. Bergab ist ein sicherer Stand erforderlich, bergauf Ausdauer, Kraft und ein starkes Herz. Der Weg zurück führt über die gleiche Strecke.

● **Observation Peak Trail**
Trailhead: Cascade Lake Trailhead, 1¼ miles (2 km) nördlich Canyon Junction an der Grand Loop Road.
Länge: 11 Meilen (17,7 km).
Anstrengende, weil teilweise steile Wanderung. Auf 2,6 Meilen (4,1 km) müssen 425 Höhenmeter überwunden werden. Nicht geeignet für Meinschen mit Herz oder Atemwegserkrankungen. Bis zum Cascade Lake führt die Strecke durch Wälder und Wiesen (Insektenschutz!). Nach dem See geht es in NW-Richtung durch den Pinienwald steil bergauf. Vom 2.864 Meter hohen Gipfel genießt der Wanderer eine herausragende Rundumsicht auf den Yellowstone Nationalpark.

Mammoth Hot Springs
● **Wraith Falls Trail**
Trailhead: Parkplatz etwa 1/4 Meile östlich der Lava Creek Picnic Area an der Mammoth-Tower Road.
Länge: 0,6 Meilen (1 km), hin u. zurück.
Kurze leichte Wanderung durch Wiesen, Sumpfland und Mischwald zum Fuß der 24 Meter hohen Wraith Falls des Lupine Creek.

● **Beaver Ponds Loop**
Trailhead: Zwischen Liberty Cap und Judge's House.
Länge: 5 Meilen (8 km), Rundweg.
Der Start liegt zwischen der Liberty Cap und dem nördlich davon gelegenen Judge's House. Schon nach wenigen Schritten am Bach entlang gilt es, im

Clematis Gulch unter Schatten spendenden Fichten und Douglasien etwa 100 Meter Höhenunterschied zu bewältigen. Bei der Weggabelung (westwärts geht es zum Grab Mountain) wählt man den nördlichen Weg (rechts) und erreicht nach 2 Meilen (3,2 km) die ersten, durch die Biberdämme aufgestauten Teiche. Da die Nager nachtaktiv sind, hat der Wanderer eher die Chance Rotwild, Elche, Gabelböcke sowie Wasservögel zu beobachten. Vorsicht vor Bären! Sowohl Grizzly- als auch Schwarzbären suchen in der Gegend nach Futter. Von den Ponds führt der Loop durch Wiesen und Wälder zurück nach Mammoth.

- **Bunsen Peak**

Trailhead: Am Beginn der Old Bunsen Peak Road, etwa 5 Meilen (8 km) zwischen Mammoth und Norris.
Länge: 4,6 Meilen (6,9 km) zum Gipfel und zurück, mit Abstechern auch mehr.
Fast 400 Meter Höhenunterschied gilt es zu bewältigen um den Panaramablick auf das Blacktail Plateau, die Swan Lake Flats, die Gallatin Mountain Range und das Yellowstone River Valley vom 2.610 Meter hohen Gipfel des Bunsen Peak zu genießen. Aber der Aufstieg lohnt. Zurück nimmt man den gleichen Weg. Möglich wäre ein Abstecher zu den 2,8 Meilen entfernten Ospray Falls.

- **Osprey Falls Trail**

Trailhead: An der Einfahrt zur Old Bunsen Peak Road, etwa 5 Meilen (8 km) südlich von Mammoth.
Länge: 8 Meilen (12,9 km).
Der Weg folgt 2,5 Meilen (4 km) der alten Road, die heute nur noch von Wanderern und Bikern benutzt werden darf und führt am Rand des Sheepeater Canyon vorbei, bevor es über Serpentinen über 200 Meter hinab auf den Grund des Canyons geht. Rechts und links ragen die Felsen bis zu 500 Meter gen Himmel - Sheepwater ist damit einer der tiefsten Canyons im Nationalpark. Die Osprey Falls werden vom Gardner River gespeist, der hier über einen erkalteten Lavastrom 46 Meter in die Tiefe stürzt. Der Rückweg führt mühsam aus dem Canyon hinaus und auf gleicher Strecke zurück zum Ausgangspunkt.

- **Lava Creek Trail**

Trailhead: Hinter der Brücke an der Lava Creek Picnic Area (Mammoth-Tower Road)
Länge: 3,5 Meilen (5,6 km) one way; 7 Meilen (11,3 km) Rundweg.
Vom Trailhead aus folgt man dem Lava Creek an dessem östlich Ufer abwärts tief in den Canyon hinein bis hin zu den Undine Falls, die hier über zwei Cascaden (18 und 12 Meter) in die Tiefe rauschen. Später mündet der Lava Creek in den Gardner River, über den eine Fußbrücke führt. Abschließend geht es noch einmal ein Stück bergauf und das Ende des Trails ist an der Nord Entrance Road gleich nördlich des Mammoth Campground erreicht. Den Startpunkt erreicht man entweder zu Fuß oder mittels eines vorab organisierten Shuttle.

- **Sepulcher Mountain Trail**

Trailhead: Zwischen Liberty Cap und Judge's House.
Länge: 11 Meilen (17,7 km), Rundweg. Anfangs ist der wegen seiner Steigungen sehr anstrengende Trail identisch

Yellowstone NP — Aktivitäten / Wandern

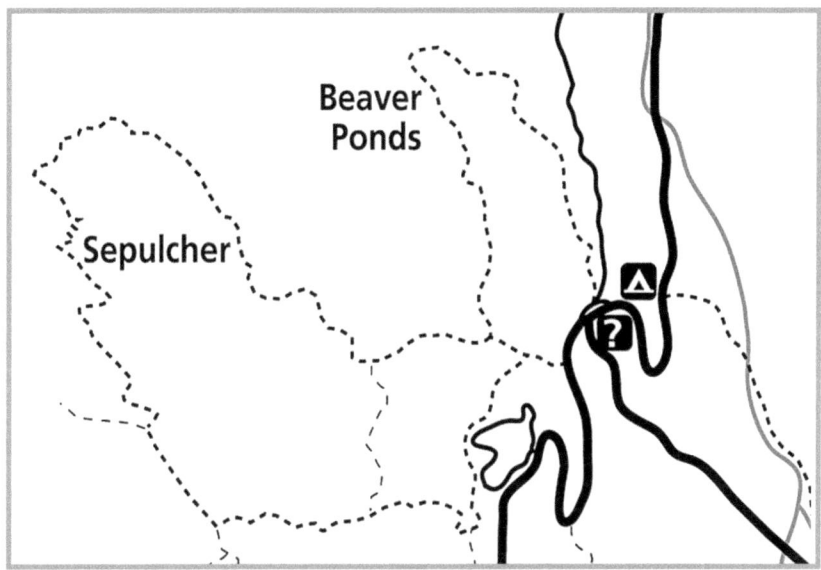

mit dem Weg zu den Beaver Ponds (siehe auch dort). Jedoch biegt der Wanderer dann nach etwa einer 3/4 Meile (1 km) an der Sepulcher Mountain Trail Junction links ab. Nun folgt der mühsame Aufstieg über mehr als 1.000 Höhenmeter durch Kiefernwälder und weite Wiesen bis zum Gipfel des Sepulcher Mountain auf 2.940 Metern Höhe. Bei entsprechendem Wetter genießt man von hier oben einen spektakulären Ausblick bis hin zu den Grand Tetons. Auf der gegenüberliegenden Seite des Sepulcher geht es wieder abwärts bis zur Kreuzung mit den Snow Pass Trail und über den Howard Eaton Trail zurück nach Mammoth Hot Springs.

● **Rescue Creek Trail**
Trailhead: An der Mammoth-Tower Road, sieben Meilen östlich von Mammoth.
Länge: 8 Meilen (12,8 km) einfach, 16 Meilen (25,7 km) Rundweg.
Die erste 3/4 Meile ist identisch mit dem Black Deer Creek Trail. An der Gabelung knickt der Weg nach links ab und führt durch Espen-Wäldchen und offene Wiesen. Nach einem Abstieg von etwa 400 Höhenmetern gelangt der Wanderer an den Gardner River, den er über eine Fußgängerbrücke überquert, um dann etwa eine Meile südlich des North Entrance wieder die Hauptstraße zu erreichen.

● **Blacktail Deer Creek-Yellowstone River Trail**
Trailhead: An der Mammoth-Tower Road, sieben Meilen östlich von Mammoth.
Länge: 12,5 Meilen (21 km) one way.
Der Weg, der außer der Länge keine größeren Schwierigkeiten aufweist, steigt entlang des Blacktail Deer Creek um rund 330 Höhenmeter. Über graswachsene Hügel, vorbei an Douglasien Wäldern geht es bis zum Yellowstone River, der mittels einer Stahl-Hängebrücke überquert wird. Nun geht es weiter durch das Tal des

Yellowstone River, vorbei an den Knowles Falls bis zum Städtchen Gardiner in Montana. Von hier aus sollte man sich einen Shuttle zum Startpunkt zurück gesichert haben.

Tower Roosevelt

● **Lost Lake Loop**
Trailhead: Hinter der Roosevelt Lodge.
Länge: 2,8 Meilen (4,6 km) Rundweg.
Gleich nach dem Start steigt der ansonsten einfache Weg etwa 300 Höhenmeter einen bewaldeten Hang hinauf. An der Kreuzung hält man sich rechts, in Richtung Westen. Schon nach weiteren 0,2 Meilen (0,3 km) ist der Lost Lake mit seinen Wasservögeln erreicht. Von hier aus geht es, den Hügel entlang zur Petrified Tree Parking Area und weiter über eine Sagebrush Wiese bis hinter die Tower Ranger Station. 300 Meter weiter ist man zurück am Startpunkt.
Wenn man Pferden begnet, immer auf der Talseite des Weges stehen bleiben und erst weiter gehen, wenn die Reiter vorbei sind.

● **Slough Creek**
Trailhead: An der Zufahrt zum Slough Creek Campground.
Länge: Erste Wiese 3,4 Meilen (5.4 km), zweite Wiese 8,6 Meilen (13.6 km).
Der Fernwanderweg folgt einem historischen Wagon Trail in die Absaroka-Beartooth Wilderness. Es beginnt mit einem steilen Aufstieg hoch zu ersten Wiese. Die ersten 1,5 Meilen (2,4 km) sind daher etwas anstrengend, dann aber geht es leichter weiter. Die zweite Wiese ist nach 4,5 Meilen (7,2 km) erreicht. Von hier aus geht es auf dem

gleichen Weg retour. Auf Bären und Elche achten.

● **Mount Washburn**
Trailheads: Dunraven Pass, 4,5 Meilen (7,2 km) nördlich Canyon Junction oder Parkplatz am Ende der Chittenden Road, die 10,3 Meilen (16,5 km) nördlich Canyon Junction von der Grand Loop Road abzweigt.
Länge: 6 Meilen (9,6 km) ab Dunraven Pass, 5 Meilen (8 km) von Chittenden Parking Area.
Den grandiosen Panoramablick (bis 80 km) vom 3.107 Meter hohen Mount

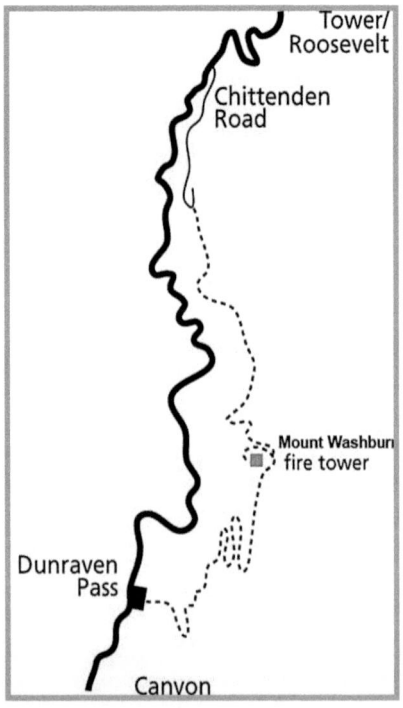

Washburn muss sich der Wanderer mühsam erarbeiten. Beide Wege zum meist windumtosten Gipfel sind steil und anstrengend. Endsprechend zweckmäßige Ausrüstung sollte obligatorisch sein. Auf dem Gipfel steht eine Schutzhütte. Achtung beide Strecken verlaufen durch Bärengebiet - Mögliche Gefährdung vorab mit den Rangern abklären.

- **Garnet Hill Loop**

Trailhead: Etwa 50 m nördl. von Tower Junction an der Northeast Entrance Road.
Länge: 7,6 Meilen (12, 5km) Rundweg.
Der Trail folgt dem Kutschenweg etwa 1,5 Meilen (2,4 km) bis zum Cookout-Gelände. Dann weiter nach Norden entlang dem Elk Creek bis fast zum Yellowstone River. Hier gabelt sich der Weg. Wir wählen den östlichen Trail, geniessen den Ausblick auf den Yellowstone River, umrunden den Garnet Hill und wandern zurück nach Tower.
Vorsicht bei der Sichtung von Bären oder Bisons. Unbedingt Sicherheitsabstand halten.

Lamar Valley
- **Trout Lake**

Trailhead: Kleiner Parkplatz an der Northeast Entrance Road, etwa 1,5 Meilen (2,4 km) südl. Pebble Creek Campground.
Länge: 1,2 Meilen (1,8 km) Rundweg.
Unmittelbar nach dem Start steigt der leichte Weg schon die knapp 50 Höhenmeter durch den Douglas-Tannenwald hoch zum Trout Lake.

Madison
- **Purple Mountain**

Trailhead: Etwa 1/4 Meile (0,4 km) nördl. Madison Junction.
Länge 6,4 Meilen (10,2 km).
Der anstrogende Trail bewältigt fast 400 Höhenmeter und gibt den Panoramablick frei auf Gibbon und Madison River.

- **Harlequin Lake**

Trailhead: Dritter Parkplatz an der West Entrance Road, etwa 1,5 Meilen (2,4 km) westlich Maduison Junction.
Länge: 1 Meile (1,6 km).
Der Wanderweg führt nur leicht bergauf zum kleinen, idyllische gelegenen Harlequin Lake.

Wanderkarten und Informationen zu allen Touren bzw. geführten Touren sind in den verschiedenen Visitor Centern des Nationalparks erhältlich!

Neben den hier vorgestellten Tagestouren gibt es noch fast 2.000 km Wanderwege im Hinterland des Nationalparks. Dafür sind aber neben der entsprechenden Aurüstung meist auch mindestens eine Übernachtung in der Wildnis und dann auch ein Permit erforderlich. Auskünfte und Permits im
Backcountry Office
P.O. Box 168
82190 Yellowstone National Park
Tel. 307-344-2160
www.nps.gov/yell/planyourvisit/backcountryhiking.htm

Reiten im Yellowstone
Das Glück der Erde...

Xanterra Parks & Resorts bieten im Yellowstone NP geführte Ausritte von einer und zwei Stunden Länge, Kutschfahrten und auch ein Old West Dinner Cookout an. Ausgangspunkt sind jeweils die Stallungen am Canyon Village und an der Roosevelt Lodge (siehe Tabelle). Eine Vorabreservierung (Telefon 307-344-7311) wird empfohlen.

Das Erkunden des Yellowstone Backcountry aus dem Sattel heraus ist ein spektakuläres Erlebnis. Für die Ausritte muss der Reiter mindestens acht Jahre alt und 1,21 Meter groß sein. Personen mit mehr als 108 kg Gewicht will man den Tieren nicht zumuten. Und für Jugendliche zwischen 8 und 17 Jahren wird die Begleitung eines Erwachsenen vorausgesetzt. Neben Pferden stehen auch Mulis und Lamas für die Ausritte bereit.

Der von den Roosevelt Stallungen ausgehende, einstündige Ritt führt durch eine Sagebrush-Ebene entlang des Garnet Hill. Dann steigt der Weg etwas an und gibt den Blick frei auf das Pleasant Valley und den Hellroaring Mountain. Auf der anderen Seite des Tal geht es zurück zum Ausgangspunkt. Bei der doppelt so langen Tour reitet man erst den bewaldeten Hügel hinter dem Stall hinauf. Dann geht es weiter über Sagebrush-Wiesen und in den Lost Canyon bis zum Lost Lake und dem Petrified Tree. Durch das Pleasant Valley führt der Weg zurück zu den Stallungen.

Auch die Ausritte von Canyon Village können zum unvergessliches Abenteuer werden. Der kürzere Trip führt die Reiter über offene Wiesen parallel zum Grand Canyon of Yellowstone, der allerdings nicht sichtbar ist. Entlang des Cascade Creek reitet die Gruppe durch Pinienwälder und Wiesen zurück zum Stall. Auch der zweistündige Ausritt führt die Reiter durch Wiesen und Wäl-

Roosevelt Area Events	Datum	Uhrzeit
1 Stunden Ausritt	03.06.-12.08.	12:00, 12:30, 13:30
	13.08.-04.09.	12:00, 13:00
2 Sunden Ausritt	03.06.-04.09.	09:30
Postkutschen Abenteuer	03.06.-10.06.	13:15, 14:15, 15:15
	11.06.-11.08.	10:45, 13:15, 14:15, 15:15
Postkutschen Abenteuer	12.08.-04.09.	10:45, 13:15, 14:15
2 Stunden Ausritt mit Old West Dinner Cookout	04.06.-11.08.	15:45
	12.08.-04.09.	12:45
1 Stunden Ausritt mit Old West Dinner Cookout	04.06.-11.08.	16:30
	12.08.-04.09.	15:30
Postkutschen Abenteuer mit Old West Dinner Cookout	04.06.-11.08.	16:45
	12.08.-04.09.	15:45
	05.09.-10.09.	14.45

Canyon Village Events	Datum	Uhrzeit
1 Stunden Ausritt	22.06.-11.08.	07:45, 08:45, 09:15, 12:30, 13:00, 14:30, 15:00, 17:45, 18:15
1 Stunden Ausritt	12.08.-04.09.	07:45, 08:45, 09:15, 12:30, 13:00, 14:30, 15:00, 17:45
2 Stunden Ausritt	22.06.-04.09.	08:45

der. Es geht an der Kante des Cascade Canyon entlang und von Coyote Slide ist ein beeindruckender Blick hinab in die Schlucht auf den Cascade Creek möglich.

Das Postkutschen Abenteuer (Stagecoach Adventure) versetzt die Teilnehmer zurück in die Zeit der Pioniere. Die Replicas der historischen Kutschen verfügen über gepolsterte Sitzbänke und vor jedem Wagen sind zwei Pferde eingespannt. Wer noch mehr Cowboy-Feeling sucht, dem sei das in der Hochsaison allabendliche Old West Dinner Cookout empfohlen. Nach dem Ausritt oder der Kutschfahrt trifft man sich zum Sonnenuntergang gemeinsam am Lagerfeuer. Und während der Kaffee nach Western-Art in der großen Kanne über dem Feuer siedet, bereiten die Köche das typische Abendessen der Cowboys vor.

Im Preis enthalten sind
- ein 12 oz. Steak (6 oz. für Kinder)
- Krautsalat all you can eat
- Kartoffelsalat
- Baked Beans
- Maisbrot
- Muffins und Obst.

Angeln im Yellowstone
Petri heil!

Verschiedene Forellenarten, Äschen, Saiblinge, Renken und die den Karpfenfischen zuzuordnenden Döbel - in den Gewäsern des Yellowstone Nationalparks tummeln sich zahllose Fische.

Auf dem Gebiet des Nationalparks gibt es über 600 mehr oder weniger große Seen mit insgesamt mehr als 40.000 Hektar Wasseroberfläche. Allerdings nehmen die vier größten Seen - Yellowstone Lake, Lewis Lake, Shoshone Lake und Heart Lake - schon über 90% dieser Fläche ein. 45 der Yellowstone-Seen sind befischbar. Hinzu kommen hunderte Flüße und Bäche mit einer Gesamtlänge von fast 4000 Kilometern Länge. Ein Paradies für Petrijünger!

Um im Nationalpark legal zu fischen, ist ein Angelschein vorgeschrieben, der in allen Ranger-Stationen, Besucherzentren und General Stores im Yellowstone NP erworben werden kann. Jährlich werden rund 50.000 dieser Genehmigungen beantragt und erteilt. Sie gibt es für 3 Tage (18 $), 7 Tage (25 $) oder für die ganze Saison (40 $). Angler unter 16 Jahren können auch ohne Angelschein fischen, wenn sie unter der Aufsicht eines Erwachsenen stehen, der in Besitz einer Angelerlaubnis ist.

Alle Parkgewässer unterliegen Beschränkungen oder saisonalen Schließungen, um gefährdete Fische zu schützen oder um die Sicherheit der Angler (z.B. Schutz vor Bären!) zu gewährleisten. Der NPS kann das Fischen in verschiedenen Gewässern oder nach einer bestimmten Fischart kurzfristig untersagen. Informationen über die aktuellen Regeln und Bestimmungen gibt eine Broschüre, die in den Visitor Centern augelegt ist. Im ganzen Park ist das Angeln grundsätzlich nur mit Schonhaken, also ohne Widerhaken, erlaubt.

Sowohl Motorboote als auch Ruderboote können vom 15.06 bis zum 04.09. in der Bridge Bay Marina angemietet werden. Eine Reservierung ist jedoch nicht möglich - wer zuerst kommt, mahlt zuerst. Die Ruderboote für zwei bis vier Personen kosten 10 $ die Stunde und 45 $ für einen Acht-Stunden-Tag. Die Motorboote sind für bis zu sechs Peronen zugelassen und mit einem 40 PS Außenbordmotor ausgerüstet. Für sie werden 50 $ je Stunde berechnet. Daneben bietet Xanterra auch geführte Angel- und Sightseeing Touren auf dem Yellowstone Lake an. Anmeldungen für die Bootstouren unter Telefon 307-344-7311.

Fischgewässer im Park

- **Yellowstone Lake** ist mit rund 350 qkm Wasseroberfläche das größte Gewässer im Park. Früher war die Cutthroat-Forelle (Oncorhynchus clarki) im See stark vertreten und konnte leicht vom Ufer mit Köder oder Fliegen gefangen werden. Heute sind ihre Bestände als Folge des Besatzes mit den sich schnell ausbreitenden Seeforellen stark zurückgegangen. Daher müssen heute alle gefangenen Cutthroat-Forellen wieder eingesetzt, alle gefischten Seeforellen getötet werden. Ab Mitte Juni ist im allgemeinen der See zum Angeln freigegeben.

Petri-Jünger im Motorboot erwartet auf dem Lake Yellowston Lake eine reiche Ausbeute. Aber es gilt auch die Vorschiften zu beachten.

● Der **Lewis Lake** ist mit knapp 11 qkm Oberfläche ebenfalls ein beliebtes Angelgewässer. Wie im Yellowstone Lake sind auch hier Motorboote zugelassen. Im See leben in erster Linie Bach-, Cutthroat- und Seeforellen. Die besten Zeiten zum Fischen im Lewis Lake sind Mitte Juni, nachdem das Eis getaut ist, an warmen Sommerabenden oder Ende Oktober, wenn die Laichforellen aggressiv werden.

● Vor 1890 waren im **Shoshone Lake** kaum Fische. Die Lewis Fälle im Lewis River verhinderten die natürliche Migration. Erst später wurden Bach- und Seeforellen ausgesetzt und hier heimisch. Das Angeln ist beschränkt auf Fliegenfischen oder künstlichen Köder. Motorboote sind nicht erlaubt, lediglich Ruderboote. Es gibt zwanzig Backcountry Campingplätze am Shoshone Lake.

● **Heart Lake.** Hier leben Cutthroat Forellen, Felchen und Seeforellen. Letztere wurden in den 1890er Jahren eingesetzt. Angeln ist beschränkt auf Fliegenfischen oder mit künstlichen Ködern. Alle gefangenen Cutthroat Forellen und Felchen müssen wieder freigelassen werden. Hinsichtlich der Seeforellen gibt es keinerlei Quote. Mit 19 Kilogramm wurde im Heart Lake die größte Seeforelle im Nationalpark gefangen. Der See befindet sich in einem Bärengebiet, daher ist der Zugang zwischen dem 1. April und 1. Juni gesperrt.

● Der 193 km lange **Gallatin River** ist der erste Zufluß des Missouri und entspringt im nordwestlichen Teil des Nationalparks, den er auf 37 km durchfließt. Der Zugang zum Angelrevier vom parallel verlaufenden Highway 191 ist einfach. Die im Gallatin River beheimateten Regenbogen- und Bachforellen werden mit einer Durchschnittsgröße von 30 cm gefangen. Für sie gilt keinerlei Limitierung. Dagegen müssen geangelte Renken/Felchen und Cuttroat Forellen wieder freigelassen werden.

• Auch der **Madison River**, der auf 31 Kilometern seiner Gesamtlänge von 295 km durch den Yellowstone NP fließt, mündet in den Missouri. Er ist im Park leicht zugänglich, aber nicht für Anfänger geeignet. Am Madison River ist auschließlich Fliegenfischen erlaubt und alle Fische müssen nach dem Fang wieder ausgesetzt werden.

• Der **Firehole River** fließt von der Quelle bis zur Mündung in den Madison River ausschließlich auf dem Gebiet des Yellowstone Nationalparks. Dabei passiert er verschiedene Geysir Becken und nimmt dort auch das bis zu 95° heiße Wasser der aktiven Geysire auf. Das Flußwasser wird dadurch relativ aufgeheizt. Auch am Firehole River ist ausschließlich Fliegenfischen erlaubt. Regenbogen- und Bachforellen müssen nach dem Fang wieder ausgesetzt werden. Von den zur Familie der Lachsfische gehörenden Bachsaiblingen darf hier jeder Angler täglich fünf Exemplare fangen.

• Auch der **Gibbon River** verlässt den Nationalpark nicht. Er entspringt dem auf 2.450 Metern Höhe gelegenen Grebe Lake und vereinigt sich nach 55 Kilometern zusammen mit dem Firehole zum Madison River. Während der Oberlauf nur schwer zugänglich ist, ist das Angelgewässer unterhalb der Gibbon Falls gut zu erreichen. Hier, unterhalb der Wasserfälle, tummelt sich eine gesunde Mischung aus Regenbogen- und Bachforellen. Am gesamten Gibbon River ist ausschließlich Fliegenfischen erlaubt. Unterhalb der Fälle muss jeder gefangene Fisch wieder freigelassen werden, oberhalb der Fälle lediglich Äschen und Cutthroat Forellen.

• Der **Yellowstone River** ist 1.114 km lang und mündet kurz hinter der Grenze von Montana nach North Dakota in den Missouri. Sein Oberlauf, bevor er durch den Lake Yellowstone fließt, gilt als einer der abgelegensten Plätze des Nationalparks, wenn nicht sogar der unteren 48 US Staaten. Aber auch hier müssen gefangene Cutthroat Forellen wieder freigelassen werden. Der Unterlauf des Yellowstone River im Nationalpark beginnt am Ausgang des Yellowstone Lake. Ein Teil des Flusses im Hayden Valley ist ganzjährig für Angler gesperrt, aber der Rest ist leicht zugänglich. Beliebte Stellen, wie z.B. Buffalo Ford sind schnell überlaufen, aber schon weniger Schritte flußauf- oder abwärts gibt es weitere gute Angelplätze. Weniger Betrieb ist am Seven Mile Hole im Grand Canyon of the Yellowstone, setzt doch dieser Angelplatz eine Wanderung in wunderschöner Landschaft voraus (siehe auch Seite 59). Aber Achtung - die Strömung ist hier sehr stark! Als Belohnung warten hier schöne Regenbogenforellen. Unterhalb der Knowles Falls, etwa vier Meilen (6 km) stromaufwärts von Gardiner, tummeln sich neben Regenbogen und Cutthroat Forellen auch viele Renken/Felchen im Wasser. Letztere müssen aber, wie auch die Cutthroat Forelle nach dem Fang wieder ausgesetzt erden. Für Regenbogen- und Bachforellen gibt es dagegen keinerlei Begrenzung.

● Der **Gardner River** mündet an der Parkgrenze bei der Stadt Gardiner in den Yellowstone River. Die mittleren und unteren Flußabschnitte enthalten große Populationen von Cutthroat-, Regenbogen- und Bachforellen. Aber auch hier müssen alle gefangenen Felchen und Cutthroat Forellen wieder freigelassen werden. Braun-, Bach- und Regenbogenforellen sind nicht geschützt und dürfen in unbegrenzter Anzahl gefischt werden.

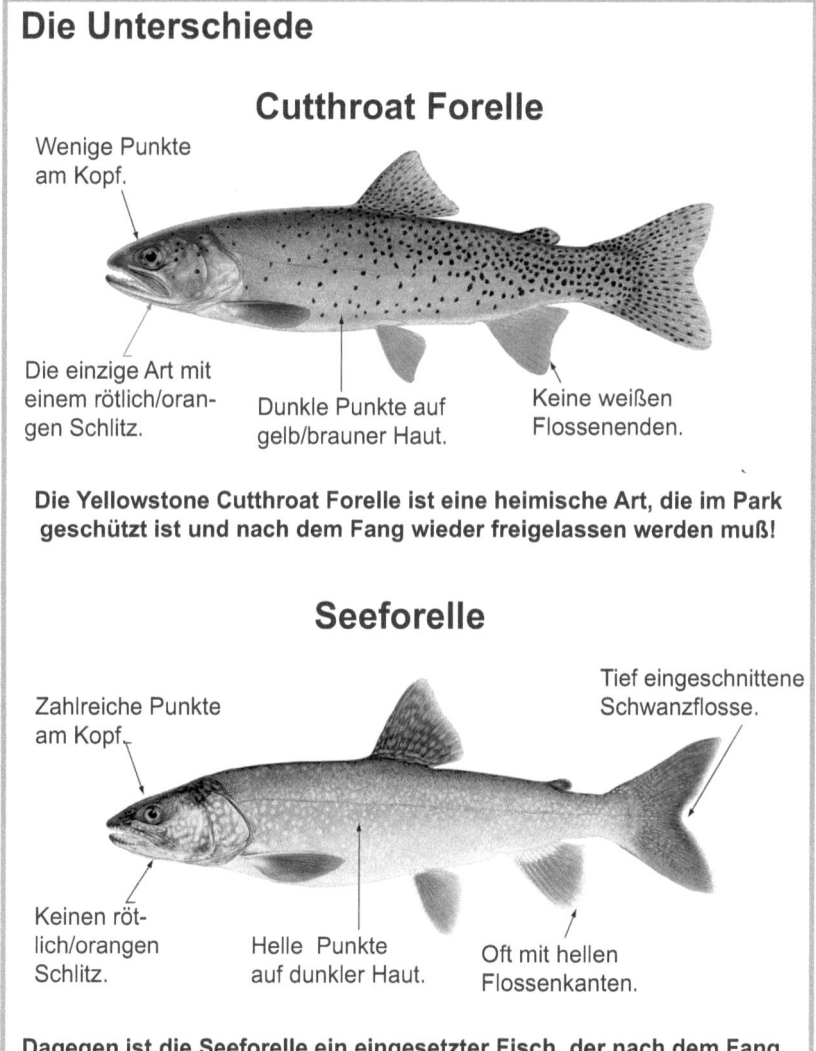

Die Unterschiede

Cutthroat Forelle

Wenige Punkte am Kopf.

Die einzige Art mit einem rötlich/orangen Schlitz.

Dunkle Punkte auf gelb/brauner Haut.

Keine weißen Flossenenden.

Die Yellowstone Cutthroat Forelle ist eine heimische Art, die im Park geschützt ist und nach dem Fang wieder freigelassen werden muß!

Seeforelle

Zahlreiche Punkte am Kopf.

Tief eingeschnittene Schwanzflosse.

Keinen rötlich/orangen Schlitz.

Helle Punkte auf dunkler Haut.

Oft mit hellen Flossenkanten.

Dagegen ist die Seeforelle ein eingesetzter Fisch, der nach dem Fang nicht wieder im Yellowstone See freigelassen werden darf!

Bicycling

Fahrrad fahren ist im Yellowstone Nationalpark sehr beliebt, aber auch gefährlich. Die Straßen sind eng, die Autofahrer oft durch die Naturschönheiten oder die Tiere abgelenkt. Hinzu kommt, dass im April und Mai, ja selbst noch im Juni Schneereste an den Rändern der Straßen das Fahren unsicher machen. Immerhin liegt die Grand Loop Road im Nationalpark auf einer Höhe von 1.600 bis 2.700 Metern über dem Meeresspiegel. Eine entsprechende Sicherheitsausrüstung inklusive Fahrradhelm und auffälliger Warnbekleidung wird daher dringend empfohlen.

Zwischen Memorial Day (Letzter Montag im Mai) und Labor Day (Erster Montag im September) vermietet Xanterra im Bike Shop in der Old Faithful Snow Lodge Fahrräder stundenweise, für halbe und auch für ganze Tage. Aber auch entsprechende Bekleidung, Fahrradhelme und Zubehör können hier gekauft oder ausgeliehen werden.

Auf den Holzstegen (Boardwalks) des Nationalparks sind Fahrräder nicht erlaubt. Es stehen jedoch meist Fahrradständer zur Verfügung. Folgende Strecken im Yellowstone Nationalpark sind ausschließlich für Radler (und Wanderer) ausgewiesen:

- Mammoth Area
Die ehemalige Eisenbahntrasse parallel zum Yellowstone River zwischen Gardner und der Parkgrenze bei Reese Creek (5 Meilen). Weiterhin die Bunsen Peak Road (6 Meilen) und die Golden Gate Service Road zwischen Golden Gate und Joffe See (1,5 Meilen).

Egal ob Rennrad oder Mountain-Bike - die Park-Ranger geben gerne Auskunft über die Befahrbarkeit der einzelnen Strecken.

- Old Faithful Gebiet

Für die Fountain Freight Road, die etwa 5,5 Meilen südlich der Madison Junction die Grand Loop Road verlässt, sind Mountainbikes empfohlen, da die Straße nicht asphaltiert ist. Der Trail auf der historische Straße am Parkplatz der Nez Perce Picnic Area und führt Radfahrer und Wanderer durch offene Wiesen, am Ojo Caliente Spring, am Goose Lake und hinter dem Grand Prismatic Spring vorbei bis zum Parkplatz der Fairy Falls, wieder an der Grand Loop Road - etwa 5 Meilen nördlich von Old Faithful. Die Strecke auf der Fountain Freight Road ist rund 3 Meilen lang und überquert mehrfach den Firehole River.

Die Lone Star Geyser Road, die wenige Meter hinter dem Parkplatz der Kepler Cascades von der Grand Loop Road abzweigt, wird ebenfalls nur von Radfahrern und Wanderern genutzt. Auf der 2,5 Meilen langen Waldstraße entlang des Firehole Rivers erreicht man den einsam gelegenen Geysir, aus dessen Cone etwa alle 3 Stunden eine bis zu 15 Meter hohe Wassersäule schießt.

Auch der rund 2 Meilen lange, asphaltierte Weg von der Old Faithful Lodge zum Morning Glory Pool darf mit Fahrrädern befahren werden. Dabei passiert man den Castle Geyser, den Daisy Geyser und den Riverside Geyser, einem Cone Geysir am Ufer des Firehole River. Beim Daisy Geyser zweigt ein Weg zum Biscuit Basin ab. Auch dieser darf befahren werden. Jedoch ist der hinter dem Morning Glory Pool zum Biscuit Basin weiterführende, nicht asphaltierte Teil des Weges für Zweiräder tabu.

- Lake Area

Die Natural Bridge Road führt Wanderer und Radfahrer zu einer ca. 18 Meter hohen Klippe durch die sich der Creek einen Weg „gefressen" hat (siehe auch Seite 57). Der Trailhead des ausgeschilderten Trails (2,5 Meilen hin und zurück) ist hinter dem Campground der Bridge Bay Marina.

- Tower Area

Der höchste Rad/Wanderweg führt über die Chittenden Road auf den 3.107 m hohen Gipfel des Mount Washburn (ca. 5 Meilen). Die Strecke zwischen Gipfel und Dunraven Pass ist für Radfahrer gesperrt (siehe auch Seite 62).

Und wenn Bisons auf der Straße oder am Straßenrand stehen, sollte man als Radfahrer nicht versuchen sich an ihnen vorbei zu „mogeln". Sicherer ist es es, in entsprechendem Abstand zu warten und gegebenenfalls zurück zu fahren.

US Nationalpark Guide

Jugend forscht!

Speziell für Kinder und Jugendliche bietet der National Park Service im Yellowstone NP verschiedene, auf das jeweilige Alter zugeschnittene Programme an.

Da ist zum einen das auch aus anderen Nationalparks bekannte Junior Ranger Programm. In drei verschiedenen Altersgruppen sollen die Kids sensibilisiert und auf die Naturwunder des Parks aufmerksam gemacht werden. Dabei gilt es verschiedenen Fragen zur Natur und zum Park in einer farbigen Broschüre zu beantworten. Als Belohnung und als äußeres Kennzeichen der neuen Junior Ranger gibt es dann einen farbigen Aufnäher für Jacke oder Rucksack. Die 4-7-jährigen bekommen einen Patch mit einem Geysir, die 8-12 Jahre alten Junior Ranger den mit dem Bären (siehe oben rechts) und alle Älteren zeichnet ein Patch mit einem Büffel aus.

Yellowstone Wildlife Olympics z.B. vergleichen die Teilnehmer auf spielerische Art ihre Fähigkeiten mit den heimischen Tieren. Die astronomischen Angebote von der sicheren Sonnenbeobachtung bis zum Night Sky Observing sind genauso beliebt, wie die von Rangern geführten Wanderungen oder Tierbeobachtungen. Informationen dazu in allen Visitor Centern.

An Schüler ab 5 Jahren richtet sich das eher wissenschaftlich ausgerichtete Young Scientist Programm, das ausschließlich im Canyon Visitor Education Center und Old Faithful Visitor Center angeboten wird. Hierbei stehen wissenschaftliche Experimente im Vordergrund. Die jungen (und jung gebliebenen) Teilnehmer des Programms sollen verstehen, was sie im Park sehen. Auch hier gibt es als Belohnung einen Aufnäher.

Aber auch verschiedene Ranger Programme, die angeboten werden, eignen sich für Jugendliche. Bei den

Picknick Plätze
Mach mal Pause...

Im Yellowstone Nationalpark gibt es 49 Picnic Areas. Grillen und offenes Feuer ist nur auf Plätzen mit bereits vorhandenen Feuerstellen zugelassen. Die mit * gekennzeichneten Toiletten sind behindertengerecht bzw. Rollstuhl geeignet.

	Feuerstellen	Tische	Toiletten
Madison River		7	1*
Madison Junction		14	1*
Firehole River		12	1
Nez Perce	3	10	1*
Whiskey Flat		13	1*
East Lot	2	7	1*
Spring Creek	2	10	1*
Delacey Creek		9	1
East Divide		14	1*
Lewis Lake		9	2*
Cave Falls		4	2*
Snake River	8	15	1*
Grant Village	12	17	1
West Thumb		5	1*
Hard Road to Travel		3	
Fisherman's Access		3	2
Park Point		7	
Exhibit		4	
Sand Point		18	4
Gull Point		21	1*
Bridge Bay	3	23	1*

	Feuerstellen	Tische	Toiletten
Lake Village		2	
Fishing Bridge		11	
Steamboat Point		2	1*
Sedge Bay		3	1*
Sylvan Lake		8	1*
Eleanor Lake		2	
Le Hardy		6	
Cascade		6	1*
Nez Perce Ford		17	1*
Otter Creek		8	
Chittenden Bridge		4	
Cascade Lake Trail	5	16	1
Dunraven Road		12	1
Yellowstone River	4	9	1*
Warm Creek		7	1*
Lava Creek		5	1
Albright		4	3*
Mammoth		4	
45th Parallel		2	
Arch Park		7	
Sheepeater Cliff		5	1
Appolinaris Spring		6	2
Beaver Lake		9	1*
Norris Meadows	4	16	1*
Virginia Cascades		6	1*
Gibbon Meadwos		9	1*
Gibbon Falls		5	2*
Tuff Cliffs		2	1*

Unterkünfte

Hotels & Cabins
- im Yellowstone NP

Ein Dach über dem Kopf ist im Yellowstone Nationalpark nicht eben billig. Eine Suite im Old Faithful Inn kann mit über 500,- $ pro Nacht berechnet werden, eine Cabin ohne Bad gibt auch schon mal für unter 100 $. Auf jeden Fall sollte man vorab reservieren:
Xanterra Parks & Resorts
P.O.Box 165
WY 82190 Yellowstone
Tel. 866-439-7375
Fax 307-344-7456
www.travelyellowstone.com
Für die Hochsaison empfiehlt sich eine frühzeitige Reservierung.

● **Mammoth Hot Springs Hotel & Cabins**
Das Hotel, nur 5 Meilen vom Nordeingang entfernt, wurde 1936-1938 erbaut und versprüht noch heute den Charme der damaligen Zeit. In den Sommermonaten stehen den Gästen 211 Zimmer (inkl. Cabins) zur Verfügung, im Winter nur die 100 Hotelzimmer. Ganzjährig geöffnet.
Restaurants:
- **Mammoth Hotel Dining Room**
Mit Blick auf grasende Bisons und Elche. Frühstücksbuffet, Mittag- und Abendessen. Mitte Mai bis Mitte Oktober und Mitte Dezember bis Anfang März geöffnet.
- **The Terrace Grill**

● **Roosevelt Lodge Cabins**
In der Nähe der Tower Falls im nördlichen Teil des Nationalparks. Die 80 rustikalen Cabins und auch die Lodge wurden 1920 ganz aus Holz erbaut. Die meisten Cabins verfügen über kein Bad und werden mit Holzöfen beheizt. 14 Cabins haben ein Duschbad und werden elektrisch beheizt. Geöffnet vom 5. Juni bis 7. September.
Restaurants:
- **Roosevelt Lodge Dining Room**
Frühstück a la Carte. Mittag- und Abendessen umfassen eine Vielzahl von Burgern, Wild, mexikanische und andere Gerichte.
Frühstück: 7.00 bis 10.00 Uhr
Mittagessen: 11.30 bis 15.00 Uhr
Abendessen: 16.30 bis 09.00 Uhr
- **Old West Diner Cookout**
Essen wie die Cowboys am Lagerfeuer. Steaks an Baked Beans unter freiem Himmel. Vom 6. Juni bis 6. September buchbar. Reservierung erforderlich.

● **Canyon Lodge & Cabin**
Geöffnet vom 29. Mai bis 13. September.
Restaurants:
- **Canyon Lodge Dininig Room**
Frühstücksbuffet mit Eiern, Speck, Wurst, Müsli, Obst, Gebäck und vielem mehr. Ansonsten eine Vielzahl von Burger, wie Bison, Rindfleisch und vegetarisch. Prime Rib!
Frühstück: 7.00 bis 10.00 Uhr
Mittagessen: 11.30 bis 14.30 Uhr
Abendessen: 17.00 bis 22.00 Uhr
- **Canyon Lodge Cafeteria**
Frühstück: 6.30 bis 11.00 Uhr
Mittag-/Abendessen: 11.30 bis 09.30 Uhr

● **Lake Lodge Cabins**
Die rustikale Lodge im Blockhaus-Style sowie die 186 Cabins mit Bad stehen seit 1920 am nördlichen Ufer des Yellowstone Lake. Geöffnet vom 10. Juni bis 20. September.
Restaurants:
- **Lake Lodge Cafeteria**
Nah am Seeufer mit einem pächtigen Ausblick. Frühstück, Mittag- und Abendessen.

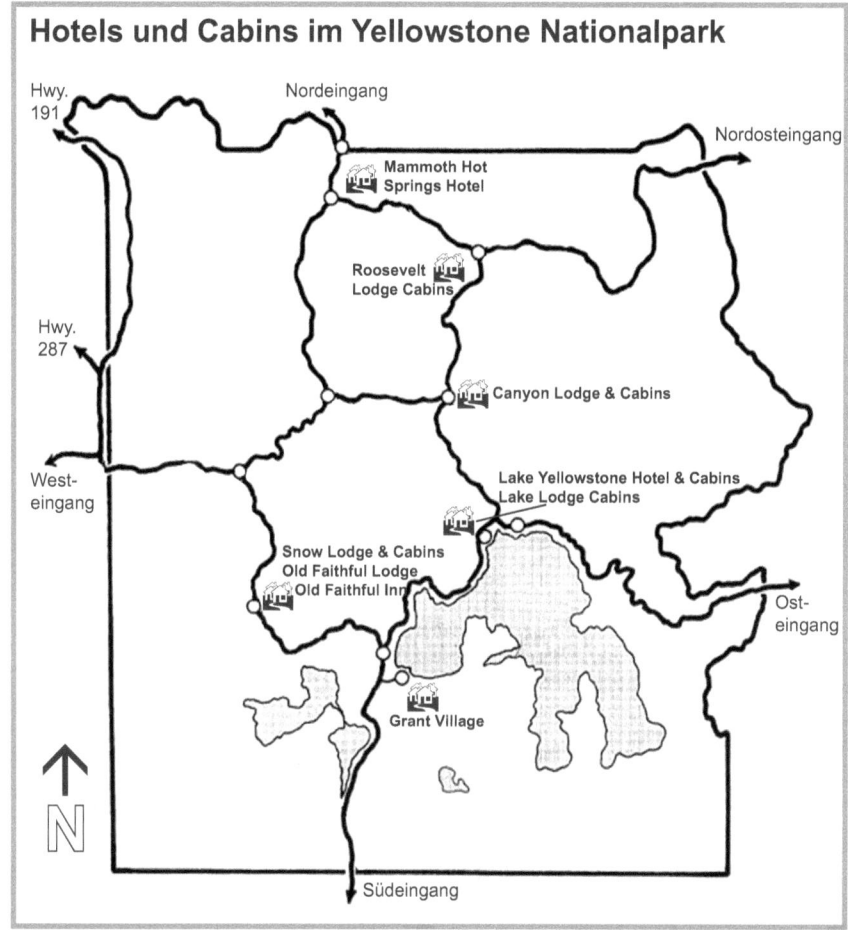

Hotels und Cabins im Yellowstone Nationalpark

● Lake Yellowstone Hotel
Bereits 1892 eröffnet ist es das älteste, vielleicht auch vornehmste Hotel im Nationalpark. Gästezimmer und Speiseräume und Lobby im Ambiente der 1920er Jahre. 296 Zimmer. Geöffnet vom 15. Mai bis zum 4. Oktober.
Restaurants:
- **Lake Yellowstone Hotel Dining Room**
Lässig-elegante Atmosphäre. Frischer Fisch, Wild und vieles mehr. Umfangreiches Frühstücksbuffet.
Frühstück: 6:30 – 10:00 Uhr
Mittags: 11:30 – 14:30 Uhr
Dinner: 17:00 – 22:00 Uhr

● Grant Village
Modernes Hotel von 1984 in insgesamt 6 Gebäuden. 300 Zimmer. Geöffnet vom 22. Mai 27. September.
Restaurants:
- **Grant Village Dining Room.** Hier wird gegrillt. Prime Rib, Forellen und Garnelen. Spezialität ist der Bison-Hackbraten. Reservierungen für Abendessen erforderlich (Tel. 307-344-7311). Frühstücksbuffet ab 6:30 Uhr.
- **Lakehouse Restaurant**
Nur weinige Schritte vom Hauptgebäude entfernt. Schöner Blick auf den See. Frühstuck ab 7:00 Uhr.

Old Faithful Inn
1904 in unmittelbarer Nähe zum Old Faithful Geysir erbaut, gilt das Luxushotel angeblich als das größte Blockhaus der Welt. Unbedingt sehenswert ist die imposante Lobby mit dem mächtigen offenen Natur-Stein-Kamin und dem „Crow's Nest", einer Plattform in 28 Metern Höhe, von der allabendlich ein Musiker auf einem Flügel die Gäste unterhält. 329 Zimmer mit Klimaanlage in verschiedenen Preisklassen. Geöffnet vom 8. Mai bis 11. Oktober.
Restaurants:
- Old Faithful Dining Room. Mittag- und Abendessen im gehobenen Ambiente. Gut sortiert mit kalifornischen Weinen. Reservierungen für Abendessen empfohlen (Tel. 307-344-7311). Frühstück ab 6:30 Uhr.
- The Bear Paw Deli. Wenn's schnell gehen soll... Frühstück ab 6:00 Uhr.

Old Faithful Lodge Cabins
96 rustikale Hütten gleich hinter dem Old Faithful Inn. Erbaut 1915. Geöffnet vom 15. Mai bis 13. September.
Restaurant:
- Old Faithfull Lodge Cafeteria. Mittag- und Abendessen mit Blick auf den Geysir, ab 11:00 Uhr. Muffins, Bagels und Sandwiches.

Old Faithful Snow Lodge & Cabins
1999 erbaut, ist es das jüngste und modernste Hotel im Park. 134 Zimmer. Hotel ganzjährig geöffnet. Cabins vom 1. Mai bis 18. Oktober.
Restaurants:
- Obsidian Dining Room. Leckeres vom Buffel-Steak bis zum Alaska Wildlachs am offenen Kamin serviert. Umfangreiche Weinkarte. Reservierungen für Abendessen erforderlich (Tel. 307-344-7311). Frühstück ab 6:30 Uhr.
- Geysor Grill, Frühstück (ab 8:00 Uhr), Mittag und Abendessen. Burger, Sandwiches und Salate.

Campgrounds
- im Yellowstone NP

Alle Stellplätze sind, wie in den Nationalparks üblich, mit Tischen/Bänken ausgestattet und verfügen über eine Feuerstelle. Feuerholz kann an der jeweiligen Anmeldung erworben werden.

Obwohl es im Nationalpark elf Campgrounds mit rund 2.000 Stellplätzen gibt, sind diese in der Hochsaison und insbesondere an Wochenende oft überfüllt. Daher ist es unbedingt ratsam, sich vorab einen Platz zu reservieren.

Für die folgenden ersten fünf Campingplätze werden Reservierungen angenommen:
Xanterra Parks & Resorts
P.O.Box 165
WY 82190 Yellowstone
Tel. 866-439-7375
www.travelyellowstone.com
Für die Hochsaison empfiehlt sich eine frühzeitige Reservierung.
Am Anreisetag können noch mögliche Verfügbarkeiten über die Rufnummer 307-344-7311 abgefragt und gegebenenfalls noch reserviert werden.

Fishing Bridge RV Park
Großer, komfortabler Campingplatz nördlich des Yellowstone Lake mit 325 Stellplätzen für Fahrzeuge bis maximal 40 Ft. Die Stellplätze verfügen über Anschlüsse für Strom, Wasser und Abwasser. Auf dem Platz sind Duschen, Münzwaschmaschinen, Geschäfte und eine Dump-Station vorhanden. Da die Stellplätze durchgehend asphaltiert sind, sind keine Zelte erlaubt. Geöffnet vom 15. Mai bis 27. September.

Campingplätze im Yellowstone Nationalpark

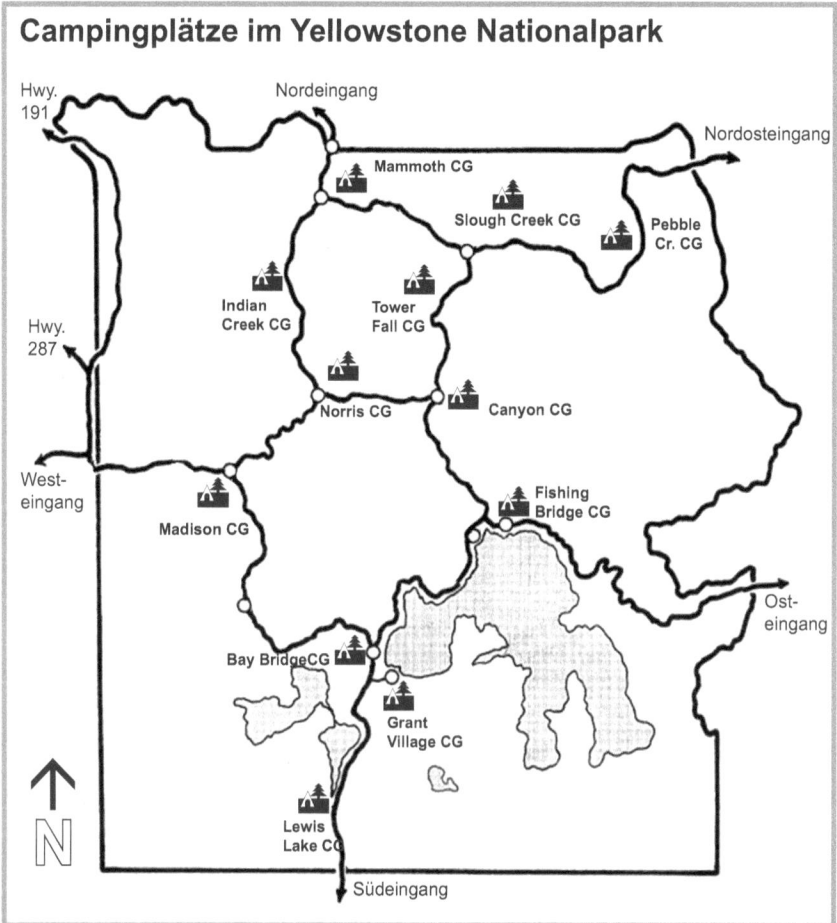

● **Grant Village Campground**
Am südwestlichen Ufer des Yellowstone Lake, rund 22 Meilen (35 km) von Südeingang entfernt, gelegen. 400 Stellplätze. Keine Hookups. Dump Station vorhanden. Restaurants, Geschäfte, Duschen und Münzwaschmaschinen im Umkreis von einer Meile. Geöffnet vom 21. Juni bis 20. September.

● **Madison Campground**
16 Meilen nördlich vom Old Faithful und 14 Meilen (23 km) östlich vom Westeingang am Zusammenfluß von Gibbon, Madison und Firehole River.

250 Stellplätze bis 30 ft. Allerdings gibt es einige wenige Plätze auch für größere RVs. Keine Hookups. Dump Station vorhanden. Geöffnet vom 1. Mai bis 25. Oktober.

● **Canyon Campground**
Zentral gelegen im Canyon Village in der Nähe des Grand Canyon of Yellowstone. 250 Stellplätze, keine Hookups. Dump Station vorhanden. Geschäfte, Restaurants, Duschen und Münzwaschmaschinen in der Nähe. Geöffnet vom 6. Mai bis 6. September.

- **Bridge Bay Campground**
Am westlichen Ufer des Lake Yellowstone in der Nähe der Bridge Bay Marine. 425 Stellplätz, keine Hookups, Dump Station vorhanden. Mietboote, geführte Angel- und Bootstouren können vermittelt werden. Geöffnet vom 29. Mai bis 13. September.

Stellplätze auf den folgenden Campingplätzen werden nach dem „First-Come, First-Served" Prinzip vergeben:

- **Mammoth Campground**
Der einzige ganzjährig geöffnete Campground im Nationalpark. Nur 5 Meilen vom nördlichen Eingang und damit von Gardiner entfernt stehen hier 85 Stellplätze zur Verfügung. Keine Dump Station. Generatoren von 08:00 bis 20:00 Uhr erlaubt. Interessante Ranger Programme werden im Amphitheater von Juni bis Mitte September angeboten.

- **Norris Campground**
Zentral gelegen am Norris Geysir Basin. Heller Platz mit schattenspendenden Bäumen am Rande großer Wiesen auf denen Man Bisons und Elche beobachten kann. 100 Stellplätze. Geöffnet vom 15. Mai bis 28. September.

- **Tower Fall Campground**
Sehr ruhig gelegen, 2,5 Meilen von der Hauptstraße entfernt mitten im Wald. Generatorenbetrieb untersagt. 31 Stellplätze. Geöffnet vom 15. Mai bis 28. September.

- **Slough Creek Campground**
28 Stellplätze. Ideal für kleinere RVs mit max. 30 Ft. und Zelte. Frischwasser und Toiletten vorhanden. Generatorbetrieb verboten. Geöffnet 22. Mai bis 31. Oktober.

- **Pebble Creek Campground**
Etwas abseits der Straße im Wald gelegen. 30 Stellplätze. Außer Plumpsklos keinerlei Service. Dafür sehr naturnah und idyllisch. Ab und an kommen grasende Bisons zu Besuch. Geöffnet vom 12. Juni bis 28. September.

- **Indian Creek Campground**
75 Stellplätze mitten im Wald. Bärengebiet! Daher bitte keine Lebensmittel/Müll offen herumstehen lassen. Geöffnet vom 12. Juni bis 14. September.

- **Lewis Lake Campground**
Waldcampingplatz im südlichen Nationalpark mit 85 Stellplätzen. Nur Zelte und RVs bzw. Trailer bis 25 Ft. zugelassen. Trinkwasser und Toiletten verfügbar. Bootrampe. Ideal für Kayaks un Kanus. Geöffnet vom 15. Juni bis 1. November.

Außerhalb des Parks

CODY

Die ganz auf den Tourismus ausgerichtete Kleinstadt mit knapp 9.000 Einwohnern liegt etwa 80 km östlich des Yellowstone Nationalparks in Wyoming. Gegründet wurde sie 1896 von dem berühmten Scout und Jäger „Buffalo Bill", der 1846 als William Frederick Cody das Licht der Welt erblickte. Die Bürger gaben ihrer Stadt den Titel „Rodeo Capital of the World" und so präsentiert sich der Ort entsprechend im Wild West Look.

Hotels / Motels in 82435 Cody

● **A Western Rose Motel**
1807 Sheridan Avenue
Tel. 307-587-4258
awesternrosecody@gmail.com
www.awesternrose.com

● **Best Western Premier Ivy Inn**
1800 8th Street
Tel. 307-587-2572
Fax 307-587-4498
www.bestwestern.com

● **Blair Hotels**
1702 Sheridan Avenue
Tel. 800-527-5544
info@blairhotels.com
www.blairhotels.com

● **Buffalo Bill's Antlers Inn**
1213 17th Street
Tel. 800-388-2084
frontdesk@antlersinncody.com
www.antlersinncody.com

● **Buffalo Bill's Cody Motor**
1455 Sheridan Avenue
Tel. 435-425-3835
info@codymotorlodge.us
www.codymotorlodge.us

● **Buffalo Bill's Irma Hotel 1902**
1192 Sheridan Avenue
Tel. 307-587-4221
irmahotel@irmahotel.com
www.irmahotel.com

● **Beartooth Inn**
2513 Greybull Highway
Tel. 307-527-5505
info@beartoothinn.com
www.beartoothinn.com

● **Big Bear Motel**
139 West Yellowstone Avenue
Tel. 307-587-3117
Fax 307-587-7053
bigbear@bigbearmotel.com
www.bigbearmotel.com

● **Cody Legacy Inn & Suites**
1801 Mountain View Drive
Tel. 307-587-6067
info@*codylegacyinn.com*
www.codylegacyinn.com

● **Carter Mountain Motel**
1701 Central Avenue
Tel. 307-587-4295
Fax 307-587-6948
contact@cartermountainmotel.com
www.cartermountainmotel.com

● **Green Creek Inn**
2908 Northfork Highway
Tel. 307-587-5004
www.greencreekinn.com

● **King's Inn**
524 Yellowstone Avenue
Tel. 307-527-6604
Fax 307-527-7341
info@kingsinncody.com
www.kingsinncody.com

● **Sunrise Motor Inn**
1407 8th Street
Tel. 307-587-5566
info@sunriseinncody.com
www.sunriseinncody.com

● **Super 8 Motel**
730 Yellowstone Avenue
Tel. + Fax 307-527-6214
info@codysuper8.com
www.codysuper8.com

- **The Cody Hotel**
232 West Yellowstone Avenue
Tel. 307-587-5915
Fax 307-587-5765
info@thecody.com
www.thecody.com

- **Wigwam Motel**
1701 Alger Avenue
Tel. 307-587-3861
info@*sunriseinncody.com*
www.wigwammotel.net

- **Yellowstone Valley Inn**
3324 Yellowstone Highway
Tel. 307-587-3961
www.yellowstonevalleyinn.com

Campingplätze in 82435 Cody

- **Buffalo Bill State Park North Shore Bay Campground**
9 Meilen westl. v. Cody am US Hwy. 14-16-20 (North Fork Hwy.)
Tel. 307-587-9227
37 Stellplätze, Sites #1 - #7 mit Wasser- + Elektroanschlüssen, Tische und Feuerstellen, Toiletten. Dump Station. Geöffnet vom 1. Mai bis 30. September

- **Buffalo Bill State Park North Fork Campground**
14 Meilen westl. v. Cody am US Hwy. 14-16-20 (North Fork Hwy.)
Tel. 307-587-9227
62 Stellplätze, teilweise mit Wasser- + Elektroanschlüssen, Tische und Feuerstellen, Toiletten. Dump Station. Geöffnet vom 1. Mai bis 30. September

- **Cody KOA Campground**
5561 Greybull Highway
Tel. 307-507-2369
info@codykoa.com
www.codykoa.com

Geöffnet vom 1. Mai bis 30. September. Full Hook-up, beheizter Pool, hot Tub, free Wi-Fi, Spielplatz, Cabins.

- **Green Creek Inn & RV Park**
2908 Northfork Highway
Tel. 307-587-5004
www.greencreekinn.com/
Full Hook-up, Münzwaschmaschinen, Wi-Fi.

- **Absaroka Bay RV Park**
2002 Mountain View
Tel. 800-557-7440
www.cody-wy.com
Full Hook-up, Münzwaschmaschinen, Wi-Fi.

- **Yellowstone Valley Inn RV Park**
82414 Cody
3324 Yellowstone Highway
Tel. 307-587-3961
www.yellowstonevalleyinn.com
Full Hook-up, beheizter Pool, Indoor Hot Tube, Münzwaschmaschinen, Wi-Fi.

GARDINER

Am Nordeingang des Yellowstone Nationalpark in Montana gelegene Kleinstadt mit rund 850 Einwohner, die größtenteils vom Tourismus leben.

Hotels / Motels - in 59030 Gardiner

Absaroka Lodge
310 Scott Street
Tel. 406-848-7414
Fax 406-848-7560
ablodge@aol.com
www.yellowstonemotel.com

Comfort Inn
107 Hellroaring Street
Tel. 406-848-7536
Fax 406-848-7062
www.choicehotels.com

Best Western by Mammoth Hot Springs
905 Scott Street West
Tel. 406-848-7311
Fax 406-848-7120
www.bestwestern.com

North Yellowstone Lodge and Hostel
1083 US Hwy 89
Tel. 406-823-9683
yellowstonehostel@gmail.com
www.northyellowstonehostel.com

Rodeway Inn & Suites
109 Hellroaring Street
Tel. 406-848-7520
Fax 406-848-7555
www.choicehotels.com

Yellowstone Basin Inn
4 Maiden Basin Drive
Tel. 406-848-7080
innkeeper@yellowstonebasininn.com
www.yellowstonegatewayinn.com

Yellowstone Gateway Inn
103 Bigelow Lane
Tel. 406-848-7100
info@yellowstongtewayinn.com
www.yellowstonegatewayinn.com

Yellowstone River Motel
14 Park Street
Tel. 406-848-7303
Fax 406-848-7304
sleep@yellowstonerivermotel.com
www.yellowstonerivermotel.com

Yellowstone Village Inn
1102 Scott Street West

Tel. 406-848-7417
info@yellowstonevinn.com
www.yellowstonevinn.com

Yellowstone Super 8
702 Scott Street West
Tel. 406-848-7401
Fax 406-848-9410
super8@wispwest.net
www.yellowstonesuper8.com

WEST YELLOWSTONE

Kleinstadt (Montana) mit knapp 1.300 Einwohnern am Schnittpunkt der US Highways 20, 191 und 287. Westliches „Tor" zum Yellowstone Nationalpark.

Hotels / Motels
- in 59758 W. Yellowstone

● **Alpine Motel**
120 Madison Avenue
Tel. 406-646-7544
wyalpinemotel@earthlink.net
www.alpinemotelwestyellowstone.com

● **Al's Westward Ho Motel**
16 Boundary Street
Tel. 406-646-7331
alswestwardho@gmail.com
www.alswestwardhomotel.net

● **Best Western Desert Inn**
133 Canyon Street
Tel. 406-646-7376
Fax 406-646-7759
alswestwardho@gmail.com
www.wyellowstone.com/desertinn

● **Brandin' Iron Inn**
201 Canyon Street
Tel. 406-646-9411
info@brandiniron.com
www.yellowstonevacations.com

US Nationalpark Guide

- **City Center Motel**
214 Madison Avenue
Tel. 406-646-7337
Fax 406-646-7337
www.yellowstonevacations.com

- **Clubhouse Inn**
105 S Electric Street
Tel. 406-646-4892
www.yellowstoneclubhouseinn.com

- **Crosswinds Inn**
201 Firehole Avenue
Tel. 406-646-9557
crosswinds@aol.com
www.crosswindsinn.com

- **Days Inn Inn**
301 Madison Avenue
Tel. 406-646-7656
www.allyellowstone.com

- **Dude & Roundup Motels**
3 Madison Avenue
Tel. 406-646-7301
www.westyellowstonemotels.com

- **Evergreen Motel**
229 Firehole Avenue
Tel. 406-646-7655
evergreenmotel@qwestoffice.net
www.theevergreenmotel.com

- **Faithful Street Inn**
120 N Faithful Street
Tel. 406-646-1010
info@faithfulstreetinn.com
www.faithfulstreetinn.com

- **Holiday Inn**
315 Yellowstone Avenue
Tel. 406-646-7365
www.visityellowstonepark.com

- **Kelly Inn**
104 South Canyon Street
Tel. 406-646-4544
www.yellowstonekellyinn.com

- **Lazy G Motel**
123 Hayden Street
Tel. 406-646-7586
reservations@lazygmotel.com
www.lazygmotel.com

- **Moose Creek Inn**
119 Electric Street
Tel. 406-646-9546
moosecreek@qwestoffice.net
www.moosecreekinn.com

- **One Horse Motel**
216 Dunrave Street
Tel. 406-646-7677
onehorsemotel@gmail.com
www.onehorsemotel.com

- **Pine Shadows Motel**
229 North Hayden Street
Tel. 406-646-7541
Fax 406-646-9647
info@pineshadowsmotel.com
www.pineshadowsmotel.com

- **Pioneer Motel**
515 Madison Avenue
Tel. 406-646-9705
Fax 406-646-1000
www.pioneermotelmontana.com

- **Pony Express Motel**
4 Firehole Avenue
Tel. 406-646-9412
Fax 406-646-9436
info@brandiniron.com
www.yellowstonevacations.com

- **Stage Coach Inn**
209 Madison Avenue
Tel. 406-646-7381
sci@yellowstoneinn.com
www.yellowstoneinn.com

- **Super 8 Motel**
1545 Targhee Pass Hwy 20
Tel. 406-646-9584
www.super8.com

- **Three Bear Lodge**
217 Yellowstone Avenue
Tel. 406-646-7353
info@threebearlodge.com
www.threebearlodge.com

- **Travelers Lodge**
225 Yellowstone Avenue
Tel. 406-646-9561
www.yellowstonetravelerslodge.com

- **Westwood Motel**
238 Madison Avenue
Tel. 406-646-7713
westwoodmotel@hotmail.com
www.wyellowstone.com/westwood/

- **White Buffalo Hotel**
236 Dunraven Street
Tel. 406-646-7681
www.whitebuffalohotel.com

- **Yellowstone Country Inn**
234 Firehole Avenue
Tel. 406-646-7622
www.yellowstonecountryinn.net

- **Yellowstone Inn**
601 Highway 20
Tel. 406-646-7633
yellowstoneinn1@gmail.com
www.yellowstoneinn.net

- **Yellowstone Lodge**
251 South Electric Streett
Tel. 406-646-0020
www.yellowstonelodge.com

- **Yellowstone Park Hotel**
201 Grizzly Avenue
Tel. 801-559-5202
www.visityellowstonepark.com

- **Yellowstone Westgate Hotel**
638 Madison Avenue
Tel. 406-646-4212
Fax 406-646-4279
www.yellowstonewestgatehotel.com

Campgrounds
- in 59758 W. Yellowstone

- **Hide-Away RV Park**
320 Electric Street
Tel. 406-646-9049
www.hideawayrv.com
14 Stellplätze, Full Hook-up, free Wi-Fi. Geöffnet vom 2. Mai bis 3. Oktober.

- **Kirkwood Resort & Marina**
35 Kirkwood Creek Road (Hwy.287)
Tel. 406-646-7200
info@kirkwoodresort.com
www.kirkwoodresort.com
15 Stellplätze bis 40 Ft. am Hebgen Lake, Waschräume, free Wi-Fi. Dump Station. Cabins.

- **Madison Arm Resort**
Südufer des Hebgen Lake
madisonarmresort@gmail.com
Tel. 406-646-9328
www.madisonarmresort.com
70 Stellplätze am Hebgen Lake, Full Hook-up, Waschräume, free Wi-Fi. Bootsverleih. Cabins. Geöffnet vom 15. Mai bis 1. Oktober.

- **Pony Express RV Park**
4 Firehole Avenue
Tel. 406-646-9412
Fax 406-646-9436
www.yellowstonevacations.com
16 Stellplätze, Full Hook-up, Waschräume, Münzwaschmaschinen,

- **Rustic Wagon RV**
637 Highway 20 & Gibbon Ave.
Tel. 406-646-7387
welcome@rusticwagonrv.com
www.rusticwagonrv.com
36 Stellplätze, Full Hook-up, free Wi-Fi, Waschräume, Münzwaschmaschinen. Cabins. Geöffnet vom 15. April bis 31. Oktober.

- **Wagon Wheel RV Campground**
408 Gibbon Avenue
Tel. 406-646-7872
wagonwheel@wyellowstone.com
www.wagonwheelrv.com
32 Stellplätze, Full Hook-up, free Wi-Fi, Waschräume, Münzwaschmaschinen. Cabins.

- **Grizzly RV Park & Cabins**
210 South Electric Street
Tel. 406-646-4466
www.grizzlyrv.com
196 Stellplätze, Full Hook-up, free Wi-Fi. Waschräume, Münzwaschmaschinen. Dump Station.

Yellowstone NP von A bis Z

Apotheken
- in 82414 Cody
  - **Medical Venter Pharmacy**
  698 Yellowstone Avenue
  Tel. 307-527-6221
  - **Pharmacy Wal-Mart Store**
  321 Yellowstone Avenue
  Tel. 307-527-4673

- in 59030 Gardiner
  - **Gardiner Pharmacy**
  208 Park Street Street
  Tel. 406-848-9430

- in 59758 West Yellowstone
  - **Silver Tip Pharmacy**
  120 North Canyon Street
  Tel. 406-646-7056
  Fax 406-646-7058
  silvertippharmazy@live.com

ATM Geldautomaten
- im Park
  - **Old Faithful Inn**
  - **Old Faithful Snow Lodge**
  - **Lake Yellowstone Hotel**
  - **Mmmoth Hot Springs Hotel**
  - **Grant Village**
  - **Canyon Lodge**

Auto-Service
- im Park
  - **Old Faithful**
  RV/PKW Rep., Abschleppdienst
  - **Grant Village**
  RV/PKW Rep., Abschleppdienst
  - **Fishing Bridge**
  RV/PKW Rep., Abschleppdienst

- in 82414 Cody
- **Denny Menholt**
1172 16th Street
Tel. 307-587-4218
www.dennymenholtcody.com
- **Fremont Motor Cody**
3127 Big Horn Avenue
Tel. 307-587-6206
www.fremontmotors.com
- **Majestic Lube & Buds Suds Car Wash**
607 Yellowstone Avenue
Tel. 307-527-5823
- **Finishing Touch Car Inc.**
2933 Big Horn Avenue
Tel. 307-527-6861
www.ftsupershop.com
- **Park County RV Inc.**
244 Blackburn Avenue
Tel. 307-527-4678

- in 59030 Gardiner
- **Yellowstone Dino Lube & Repair**
207 South 2nd Street
Tel. 406-848-9401

- in 59758 West Yellowstone
- **Centennial Auto**
11 Yellowstone Avenue
Tel. 406-646-1064
- **Eagle's Chevron Serviye**
315 Yellowstone Avenue
Tel. 406-646-9300
www.eaglecompany.com
- **Econo Mart Phillips 66**
307 Firehole Avenue
Tel. 406-646-7887
- **The Corner Conoco**
136 Canyon Street
Tel. 406-646-7632
- **Yellowstone Automotive**
555 Yellowstone Avenue
Tel. 406-646-4074

Autovermietung
- in 82414 Cody
- **Hertz Rental Cars**
2101 Roger Sedam Drive
Tel. 307-587-2914

- in 59758 West Yellowstone
- **Big Sky Car Rental**
415 Yellowstone Avenue
Tel. 406-646-9564
www.yellowstonevacations.com
- **Budget Rental Car**
131 Dunraven Street
Tel. 406-646-7882
www.budget-yellowstone.com

Dienststellen
- im Park
- **Yellowstone National Park Service**
PO Box 168
82190 Yellowstone
Tel. 307-344-2013
www.nps.gov/yell/index.htm

- in 82414 Cody
- **City of Cody**
1338 Rumsey Avenue
Tel. 307-527-7511
www.cityofcody-wy.gov
- **Cody Chamber of Commerce**
836 Sheridan Avenue
Tel. 307-587-7777
www.codychamber.org/
- **BLM Bureau of Land Management**
1002 Blackburn Street
Tel. 307-587-5900
www.blm.gov/wy/st/en/field_offices/Cody.html

- in 59030 Gardiner
- **Gardiner Chamber of Commerce**
222 Park Street
Tel. 406-848-7971
www.gardinerchamber.com

- in 59758 West Yellowstone
- **Town of West Yellowstone**
440 Yellowstone Avenue
Tel. 406-646-7795
www.townofwestyellowstone.com
- **Chamber of Commerce**
30 Yellowstone Avenue
Tel. 406-646-7701
www.westyellowstonechamber.com

Guides & Outfitters
- in 82414 Cody
- **Boulder Basin Outfitters Inc.**
3348 Northfork Highway
Tel. 307-587-3404
www.wyomingsummerpacktrips.com
- **North Fork Anglers**
1107 Sheridan Avenue
Tel. 307-527-7274
www.northforkanglers.com
- **Red Canyon River Trips**
1119 12th Street
Tel. 307-587-6988
www.codywyomingadventures.com
- **Tour Yellowstone**
28 Panorama Lane
Tel. 307-527-6316
www.tourtoyellowstone.com/
- **Wyoming River Trips**
1701 Sheridan Avenue
Tel. 307-587-6661
www.wyomingrivertrips.com
- **Yellowstone Wildlife & Photo Tours**
1119 12th Street
Tel. 307-587-6988
www.codywyomingadventures.com

- in 59030 Gardiner
- **Flying Pig Adventure Company**
511 Scott Street
Tel. 406-848-7510
www.flyingpigrafting.com
- **Wild West Rafting**
906 Scott Street
Tel. 406-848-2252
www.wildwestrafting.com

- **Yellowstone Raft Company**
406 Scott Street
Tel. 406-848-7777
www.yelloestoneraft.com.com

- in 59758 West Yellowstone
- **See Yellowstone Tours**
211 Yellowstone Avenue
Tel. 406-646-9310
www.yellowstone-tours.com
- **Yellowstone Alpen Guides**
555 Yellowstone Avenue
Tel. 406-646-9591
www.yellowstoneguides.com
- **See Yellowstone Tours**
211 Yellowstone Avenue
Tel. 406-646-9310
www.yellowstone-tours.com

Lebensmittel
- im Park
- **Old Faithful**
Lower General Store
Mitte Mai bis Ende September
Upper General Store
Anfang May bis Mitte Oktober
- **Grant Village**
General Store
Mitte Mai bis Anfang Oktober
- **Fishing Bridge**
General Store
Mitte Mai bis Mitte September
- **Lake Village**
General Store
Mitte Mai bis Ende September
- **Tower/Roosevelt Junction**
General Store
Ende Mai bis Mitte September
Mini Store
Anfang Juni bis Anfang September
- **Canyon Village**
General Store
Frühjahr bis Ende Oktober
- **Mammoth Hot Springs**
General Store
Ganzjährig

- in 82414 Cody
- **Albertsons**
1825 17th Street
Tel. 307-527-7007
- **Country Store**
1737 17th Street
Tel. 307-527-5054
- **Wal-Mart Store**
321 Yellowstone Avenue
Tel. 307-527-4673
- **Whole Foods Trading Company**
1134 13th Street
Tel. 307-587-3213

- in 59030 Gardiner
- **Gardiner Market**
701 Scott Street
Tel. 406-848-7524
www.gardinermarket.com

- in 59758 West Yellowstone
- **Food Roundup**
107 Dunraven Street
Tel. 406-646-7501
- **Market Place**
Montana State Liquer Shop
22 Adison Avenue
Tel. 406-646-9600

Medizinische Versorgung
- im Park
- **Mammoth Hot Spring Clinic**
Tel. 307-344-7965
Ganzjährig werktags, von Juni bis September täglich geöffnet.
- **Old Faithful Clinic**
Tel. 307-545-7325
Geöffnet von Mai bis Mitte Oktober.
- **Lake Clinic**
Tel. 307-242-7241
Nur im Sommer geöffnet.

- in 82414 Cody
- **Billings Clinic Cody**
201 Yellowstone Avenue
Tel. 307-527-7561
www.billingsclinic.com
- **Dale R. Myers M.D., P.C.**
1613 Stampede Avenue
Tel. 307-587-1155
- **Hill Family Dentistry**
1110 Beck Avenue
Tel. 307-527-7561
www.hillfamilydentistrycody.com
- **North Wyoming Surgical Center**
732 Lindsay Lane
Tel. 307-587-2139
www.northernwyomingsurgicalcenter.com/
- **West Park Hospital**
707 Sheridan Avenue
Tel. 307-527-7501
www.westparkhospital.org

- in 59030 Gardiner
- **Stone Gate Chiropractic**
503 Scott Street
Tel. 406-646-0200

- in 59758 West Yellowstone
- **Yellowstone Family Medical Clinic**
236 Yellowstone Avenue
Tel. 406-646-0200

- **Ambulance**
400 Yellowstone Avenue
Tel. 911 oder 406-646-9094

Polizei
- in 82414 Cody
- **Cody Police Department**
1402 River View Drive
307-527-8700

- in 59758 West Yellowstone
- **Police Department**
59758 West Yellowstone
124 Yellowstone Avenue
Tel. 911 oder 406-646-7600

Post
- im Park
- **Main Post Office Mammoth Hot Springs**
Ganzjährig, werktags von 8:30 bis 17:00 Uhr
- **Old Faithful**
Anfang Mai bis Ende Oktober
- **Grand Village**
Mitte Mai bis Mitte September
- **Lake Village**
Mitte Mai bis Mitte Oktober
- **Canyon Village**
Ende Mai bis Mitte September

- in 82414 Cody
- **US Post Office**
1301 Stampede Avenue
307-527-7161

- in 59030 Gardiner
- **US Post Office**
707 Scott Street West
Tel. 406-848-7579

- in 59758 West Yellowstone
- **US Post Office**
209 Grizzly Avenue
Tel. 406-646-7704

Tankstellen
- im Park
- **Old Faithful - Upper**
RV/PKW Rep., Abschleppdienst
Ende Mai bis Ende September
- **Old Faithful - Lower**
Mitte April bis Anfang November
- **Grant Village**
RV/PKW Rep., Abschleppdienst
Mitte April bis Anfang Oktober
- **Fishing Bridge**
RV/PKW Rep., Abschleppdienst
Mitte Mai bis Mitte September
- **Tower Junction**
Anfang Juni bis Anfang September

- **Canyon Village**
Ende April bis Ende Oktober
- **Mammoth Hot Springs**
Anfang Mai bis Mitte Oktober

- in 82414 Cody
- **Buffalo Bill Station**
2019 Big Horn Avenue
Tel. 307-587-6991
- **Ron's Exxon**
1502 Sheridan Avenue
Tel. 307-587-2431
- **Mobile**
221 Yellowstone Avenue
Tel. 307-587-9331
- **Mobile**
1200 17th Street
Tel. 307-587-6200

- in 59030 Gardiner
- **Kremers Cenex**
401 Scott Street
Tel. 406-848-9125
- **Gardiner Exxon**
401 Scott Street
Tel. 406-848-9125

- in 59758 West Yellowstone
- **Mobile Westgate Station**
59758 West Yellowstone
11 Yellowstone Avenue
Tel. 406-646-7651

- **Riverside Station**
59758 West Yellowstone
215 North Canyon Street
Tel. 406-646-1024
- **Super Save Conoco**
59758 West Yellowstone
138 Firehole Avenue
Tel. 406-646-9465

Waschsalons
- im Nationalpark
- **Old Faithful**
in der Snow Lodge

Yellowstone NP   Von A bis Z

- **Grant Village**
im Grant Campground
- **Fishing Bridge**
im RV Park
- **Canyon Village**
auf dem Canyon Campground
- **Lake and Bridge Bay**
in der Lake Lodge

- in 82414 Cody
- **Cody Laundromat**
1728 Beck Avenue
Tel. 307-587-8500
www.codylaundromat.weebly.com

- in 59758 West Yellowstone
- **Econo Mart Phillips 66**
307 Firehole Avenue
Tel. 406-646-7887
- **Swan Cleaners**
510 Madison Avenue
Tel. 406-646-7892

Visitor Center
- im Park
- **Albright Visitor Center (Mammoth)**
Tel. 307-344-2263
Geöffnet in der Hauptsaison von 8:00 bis 19:00 Uhr
- **Canyon Visitor Education Center**
Tel. 307-344-2550
Geöffnet in der Hauptsaison von 8:00 bis 20:00 Uhr
- **Fishing Bridge Visitor Center**
Tel. 307-344-2450
Geöffnet in der Hauptsaison von 8:00 bis 19:00 Uhr
- **Grant Village Visitor Center**
Tel. 307-344-2650
Geöffnet in der Hauptsaison von 8:00 bis 19:00 Uhr
- **Madison Information Station**
Tel. 307-344-2821
Geöffnet in der Hauptsaison von 9:00 bis 18:00 Uhr
- **Junior Ranger Station**
Tel. 307-344-2876
Geöffnet in der Hauptsaison von 9:00 bis 18:00 Uhr
- **National Park Ranger Museum**
Tel. 307-344-7353
Geöffnet in der Hauptsaison von 9:00 bis 17:00 Uhr
- **Noris Geyser Basin Info Station**
Tel. 307-344-2812
Geöffnet in der Hauptsaison von 9:00 bis 18:00 Uhr
- **Old Faithful Visitor Center**
Tel. 307-344-2751
Geöffnet in der Hauptsaison von 8:00 bis 20:00 Uhr
- **West Thumb Information Station**
Tel. 307-344-2650
Geöffnet in der Hauptsaison von 9:00 bis 17:00 Uhr

- in 59758 West Yellowstone
- **West Yellowstone Info Center**
30 Yellowstone Avenue
Tel. 307-344-2876
Geöffnet in der Hauptsaison von 8:00 bis 20:00 Uhr

US Nationalpark Guide

NP Vokabeln

4WD	Allradantrieb	dumping station	RV-Entsorgungsstelle
		eagle	Adler
AAA	US Automobilclub	elk	Rothirsch
accommodations	Unterkunft	entrance	Eingang
alcove	Überhang	equipment	Ausrüstung
arch	Steinbogen	exhibition	Ausstellung
admission	Eintritt	fault	Graben
		fee	Gebühr
backpacking	Rucksackwandern	firepit	Feuerstelle
balands	Einöde	firewood	Brennholz
bald eagle	Weißkopf Seeadler	fishing license	Angelschein
beam	Lichtstrahl (Canyon)	first aid kit	Erste Hilfe Kasten
beaver	Biber	flash light	Taschenlampe
bison	Büffel	flash flood	Überschwemmung
black bear	Schwarzbär	flush toilet	WC
black water	Fäkalien	fresh water	Frischwasser
boardwalk	Brettersteg	frog	Frosch
booster cable	Starthilfekabel	gas station	Tankstelle
bulletin board	Info Aushang	general store	Laden
bullfrog	Ochsenfrosch	golden eagle	Steinadler
burro	Wildesel	gorge	Schlucht
butte	Tafelberg	gravel road	Schotterpiste
		greyfox	Silberfuchs
cabin	Hütte	grizzly	Braunbär
california gull	Silbermöve	guided walk	Führung
campfire	Lagerfeuer	gulch	Schlucht
campground	Campingplatz		
campsite	Standplatz	handrail	Geländer
canyon	Schlucht, Tal	high clearance	hohe Bodenfreiheit
caprock	Felsnadel	hike	Wanderung
cash	Barzahlung	hill	Hügel
chipmunk	Streifenhörnchen	hollow	Schlucht
clearance	Durchfahrthöhe	hoodoo	Felsnadel
cliff	Klippe	hookups	Anschlüsse für RV
coin operated	Münzbetrieb	horseback riding	reiten
cookout	Essen im Freien		
cougar	Puma	lake	See
corral	Pferdekoppel	laundromat	Waschmaschine
coyote	Präriewolf	laundry	Wäscherei
creek	kleiner Bach	lighter	Feuerzeug
		lizard	Eidechse
dawn	Dämmerung	lodge	Unterkunftsgebäude
deposit	Anzahlung, Kaution	log cabin	Blockhaus
desert	Wüste		
dirt road	ungeteerte Straße	mailbox	Briefkasten
drivers License	Führerschein	mammals	Säugetiere
duck	Ente	marmot	Murmeltier

Yellowstone NP — Vokabeln

matches	Streichhölzer	RV	Wohnmobil
map	Landkarte		
marten	Marder	saddle trip	Reitausflug
meadow	Wiese	scenic view	Aussichtspunkt
medical service	Medizin. Versorgung	self guiding trial	Weg m. Schautafeln
mesa	Tafelberg	sequoia	Mammutbaum
moose	Elch	shelter	Schutzhütte
mountain	Berg	showers	Duschen
movie	Film	skunk	Stinktier
mule	Maultier	sleeping bag	Schlafsack
mule ride	Maultierritt	slickrock	glatter Sandstein
Muskrat	Bisamratte	slide programm	Diavortrag
		slot canyon	enge Schlucht
narrows	enge Schlucht	sparrow	Spatz
nature trail	Lehrpfad	spruce	Fichte
natural bridge	nat. Felsbrücke	squirrel	Eichhörnchen
noon	Mittag	stable	Reitstall
NPS	National Park Service	stagecoach	Postkutsche
		steep	steil
oak	Eiche	summit	Gipfel, Passhöhe
offroad	abseits der Straße	sunrise	Sonnenaufgang
osprey	Fischadler	sunset	Sonnenuntergang
owl	Eule	supplies	Vorräte
		SUV	Freizeit/Allrad-Kfz
park entrance	Parkeingang	swallow	Schwalbe
paved road	Asphaltstraße	swift	Mauersegler
peak	Gipfel		
permit	Eraubnis	tent	Zelt
petroglyph	Felszeichnung	titmouse	Meise
pictograph	Felsmalerei	towhee	Fink
pillar	Steinsäule	track	Spur
pine	Kiefer	trail guide	Wanderführer
pinnacles	Säulen	trailhead	Startpunkt
pinyon jay	Blauhäher		
porcupine	Stachelschwein	valley	Tal
pronghorns	Antilopenart	viewpoint	Aussichtspunkt
propane	Campinggas	visitor center	Besucherzentrum
prarie dog	Erdhörnchenart	voucher	Gutschein
raccoon	Waschbär	waiting list	Warteliste
rapids	Stromschnellen	walk	Spaziergang
rattlesnake	Klapperschlange	wash	trockenes Flußbett
raven	Rabe	waypoint	GPS Wegpunkt
riding stable	Reitstall	weather	Wetter
red squirrel	Rothörnchen	weasel	Wiesel
restroom	Toilette	wood	Wald, Holz
rim	(Canyon)-Kante	wren	Zaunkönig
river	Fluß		
rock hound	Mineraliensammler		
ruin	Ruine		

US Nationalpark Guides

Planen. Reisen. Erleben.

Arches Nationalpark	in Vorbereitung
Bryce Canyon Nationalpark	in Vorbereitung
Capitol Reef Nationalpark	ISBN 978-3-743-16028-6
Canyonlands Nationalpark	in Vorbereitung
Death Valley Nationalpark	in Vorbereitung
Everglades Nationalpark	in Vorbereitung
Grand Canyon Nationalpark	ISBN 978-3-746-00608-6
Petrified Forest Nationalpark	in Vorbereitung
Yellowstone Nationalpark	ISBN 978-3-743-17277-7
Yosemite Nationalpark	in Vorbereitung
Zion Ntionalpark	in Vorbereitung

Erhältlich in allen gut sortierten Buchhandlungen sowie im Onlineversand bei www.amazon.de, www.buch.de u.v.a.m.

Info:
www.nationalpark-guide.de